厭談
戒ノ怪

夜馬裕

竹書房
怪談
文庫

目次

特別室

四年ほど前、私は森岡さんという古い友人の行方を捜《さが》していた。その話は長くなるので割愛するが、彼の行方を追ううちに、私は四国のとある物件まで辿《たど》り着いた。

とても遠征する時間がなかったので、まずは物件を管理する不動産屋に連絡すると、どうも家族経営の小さな会社のようで、奥様らしき人から「お父さんが留守なので」と言って電話を切られた。日を変えて数回かけたが、同じことしか言われない。

ただ調べてみると面白いことがわかり、会社の所在地は東海地方なのに、なぜか四国、関東、北陸、中国地方と、離れた場所に点在して物件を所有している。

興味が湧いたので、電話に出た奥様へ尋ねると、「さあ……」とだけ言われてまた切られたが、数時間後、息子と名乗る人物から「あんた何者?」と電話がかかってきた。

かけてきたのは大西さんという四十代の男性で、彼が言うには、父親は脳の障害でもうまともに会話が出来ないし、物件は父親が管理していたので、今は一軒を除いて空き家であり、どこもすっかり荒れている。私が人捜しをしている四国の物件も、八年前までは人が住んでいたが、今は廃屋だと言われてしまった。

素性を訊かれた私が素直に怪談師だと名乗ると、大西さんはそれに強く興味を示して、「うちは全部ヤバい物件だよ。親父がわざと『良くない』家を作ったから」と言う。

聞いてみると、彼の父親は、まず自分の住む家を数年かけて「良くない」場所へと変えていく。その後、別の場所に引っ越すと、「良くない」家は人に貸し出し、新しい家でも同じことを繰り返して、全国に五か所も「良くない」場所を作ったのだという。

「あんたの知り合いが昔住んでいた四国の家、あそこが最初なんだよね。親父が新婚の頃に住んでたみたいでさ。古くから謂《いわ》れのある土地だと言ってたな。どうも四国時代に知り合った柄の悪い地上げ屋から、家を作り変える方法を教えてもらったみたいでね」

「作り変える」とはどういう意味かと訊くと、大西さんは「まだ一軒、人に貸している家があるから、そこに住んでる奴から話を聞きなよ」と、関東の某県に住む、東金《とうがね》さんという四十代の男性を紹介してくれた。これは、その男性から聞いた話である。

六畳一間が縦に三個つながった、ペンシル型の家なんです。

元はひと部屋ずつ貸していたみたいで、全室にキッチンとユニットバスがある。

変な形で住みにくいし、最寄駅から徒歩二十五分と便も悪くて、何より古くて汚い。

でも、とにかく安かったんです。三階建ての一軒家で二万円。

なんか怪しいと思って確認したら、あっさり「全室で入居者が亡くなっています」と衝撃的なことを言われました。

とはいえ、自分には借金の返済があるので、背に腹は代えられません。

安いのが一番だとうっかり契約したんですけど、やっぱり後悔しましたね。

家の中が黴臭《かびくさ》くて、いくら窓を開けてもじめじめする。不動産屋からは、直せない場所を通っている水道管が壊れていて、少し水が漏《も》れるせいだと言われました。

実際、水漏れのせいで一階と二階の天井は真っ黒だし、嫌なことに、時々水漏れして、部屋にポタポタ水滴が落ちてくるんですよ。

どうも壊れているのが下水管のようで、垂《た》れてくる水が臭くて気持ち悪いんですが、それに対処するのが難しくて。

一番上の三階で暮らせば水は垂れないけど、水を使うと下の階に漏れるから、トイレも、風呂も、いちいち一階まで降りなくちゃいけない。

それが面倒になって一階で暮らすと、今度は天井から水が垂れてきてイライラする。

毎日がその繰り返しで、ひと月経つ頃にはストレスが爆発しちゃって。

「くっせえ水ばっか垂れてくるんじゃねえ、便所みてえなアパートだな！」と酔った勢いで喚《わめ》き散らしていたら、ビチャッ、と思いきり頭に水が垂れてきた。

触るとベタベタして、もの凄く臭いんです。

「クソッ！」とキレて上を見ると、すぐ目の前に、腐って変色した人の顔がありました。

頭から逆さになった人間が、天井からゆっくり落ちてくるんです。

強烈な腐臭を漂《ただよ》わせながら、茶色くなった人間が、自分の鼻先を通り過ぎる。

そして落下しながら、ゲラゲラゲラ、と大声で笑うんですよ。

しかも、それがひとつじゃなかった。

まるで身動き出来ない僕の前を、ゆっくりと三人分の腐乱死体が通り過ぎたんです。

最後は沁み込むように床下へ消えたので、あっ！　と思って一階の畳を剥《は》ぎ取ると、床板には人型に見える染みがくっきり残っていました。

翌日、不動産屋に確認すると、ここは以前、独居老人専用のアパートだったようで、エアコンのない猛暑があまりにキツかったのか、ひと夏のうちに、一階から三階まで、入居者が三人ともすべて亡くなったそうです。

真夏だったので、発見された時は酷《ひど》い状況だったそうです。遺体は完全に溶けだしていて、床板まで染みて、下の階へ垂れていたと不動産屋が言ってました。
ただ、その事があってから、一切水漏れしなくなったんですよ。
だからもう十年以上住んでます。とにかく家賃が安いし、借金は返し終わらないしね。
まあその代わり、時々、天井から腐った爺さんが降ってきますけど。ははは。

東金さんの取材を終えて、再度大西さんへ連絡すると、「あそこは三人も死んでるから『特別室』なんだよね。今でも借り手がついてるのはあそこだけだよ」と言ったあと、「ひと夏のうちに三人も同時に亡くなるって、偶然だと思う？　俺は親父が何か仕掛けたと思ってるよ。まあ、もう話も出来ないので、確かめる術《すべ》はないけど」と続けた。
そして、「うちにはこんな物件、あと三か所もあるんだよ」と楽しそうに笑った。

お籠《こ》めさま

「甕《かめ》に詰め込まれた福の神って、ご存知ですか」

そう訊いてきたのは、飲み屋でたまに出逢う仁志《ひとし》さんという五十代の男性。

福の神の話はいろいろと知っているが、甕に詰められているのは初耳である。

知らない、と答えると、彼はこんな話を聞かせてくれた。


今から二十年ほど前、仁志さんが三十代前半の頃、母方の伯母が病死した。

生涯独身を貫《つらぬ》いた人で、配偶者や子どもはいない。

妹にあたる仁志さんの母親は早くに亡くなっているため、伯母が長年暮らした日本家屋の一軒家は、甥《おい》である仁志さんが相続することになった。

とはいえ、伯母の家は北関東の山間部にあり、東京で働く仁志さんには不便過ぎて住むことができない。売却も考えたが、かなりの田舎なので、土地まで含めても二束三文にしかならないことを知ると、手先が器用でＤＩＹの得意な仁志さんは、この家を自分の手でリフォームして、休日に訪れる別荘へ改築しようと考えた。

平日は東京で働いて、金曜の夜になると車を走らせて伯母の家へ行き、土日の二日間かけて、徐々に家の中を作り替える。伯母が数十年にわたり使い古した状態なので、綺麗に整えるには時間を費やしたが、そんな生活を半年間も続けるうちに、ようやく最後のひと部屋までリフォームが進んだ。

残すは、伯母が寝室にしていた奥の間のみ。

故人が亡くなった場所なので、つい立ち入るのを避けていたのだが、別に不幸な最期というわけではない。布団に横たわったまま、静かに九十三年の生を終えたので、むしろ大往生といえるだろう。

どうやら寝る以外には使っていなかったようで、家具がまったく置かれていない。手入れが必要なのは、薄汚れた床の間だけであった。

床の間には、天井から床まで届く長い掛け軸が吊るされている。

山水画の描かれたこの掛け軸を、伯母はいたく大切にしていた記憶がある。

仁志さんは子どもの頃、母親に連れられて、何度かこの家へ遊びに来た。

伯母は、「結婚はしたくないけど、子どもは欲しいわあ」と言いながら、いつも仁志さんのことを可愛がってくれたのだが、「絶対に触らないように」ときつく言われていた寝室の掛け軸を弄《いじ》った時だけは、見たこともない鬼の形相で叱られてしまった。

改めて見ても、何か価値のある物には思えない。全体的に黄ばんでいるし、端々が小さくほつれたり破れたりしている。

大事にしていた割にずいぶん傷んでいるな、と思いつつ天井に付けられたフックから掛け緒を外すと、掛け軸の後ろから、南京錠が取り付けられた引き戸が現れた。

壁の真ん中に、襖《ふすま》に使われているような、小さな金属の取っ手がひとつある。一見してわからないが、よく見ると壁には縦に細い線が入っており、どうやら中央から左半分はただの壁で、右半分が引き戸になっているようだ。取っ手を掴《つか》んで右へと動かせば、引き戸が開く仕組みになっている。

長い掛け軸は、この仕掛けを隠すためにあったようだ。

人の出入りもない独り暮らしにもかかわらず、床の間に隠し扉を造り、そこを寝室にして過ごしていたとは、よほど大切なものがあるのだろう。

すぐにでも開けてみたいが、引き戸は金属の留め金で閉じられており、そこにはさらに南京錠がかけられている。しかも絶対に開けることが出来ないよう、鍵穴は樹脂のようなもので塞《ふさ》がれていた。

こうなっては、多少乱暴に開けるしかない。仁志さんは工具入れからハンマーを取り出すと、何度も壁に打ち付けて、南京錠のかかった留め金ごと破壊した。

果たして伯母は、いったいなんのためにこんな隠し扉を造ったのか。

好奇心に駆られながら、中央の取っ手を掴むと、引き戸を右へと動かす。

相当な年数閉じられていたのだろう、少し動かす度に引っ掛かるので、ガタガタと何度も揺すりながら、ズズッ、ズズッと戸を開けていく。

ようやくすべて開けきると、想像よりも大きな空間が広がっていた。

横幅は一メートル程度だが、奥行きは数メートルもあり、体感として、おそらく三畳ほどの広さがある。

部屋の中央には、人が入れるほどの大きな甕が置かれていた。

口には木の蓋《ふた》が嵌《は》められており、そこに古い御札のような紙が、封をするように貼られている。紙には何か書かれているが、風化して掠《かす》れており、判読は出来ない。

そして、さらに奥には、何十という小さな白い壺が、積み重なって並んでいた。

甕の蓋を外すのは少々難儀しそうなので、先に奥の白い壺の中身を確かめてみると、どれも空っぽで、中には何も入っていない。

――やはり、甕を開けてみるか。

貼られた御札を丁寧に剥《は》がし、工具を使って、固く嵌《はま》った木の蓋を開ける。

中を覗《のぞ》き込むと、まず目に入ったのは、紫の袱紗《ふくさ》にくるまれた包みがひとつ。

それを床によけると、甕《かめ》の中にはざらざらとした白い粉が一杯に詰まっていた。

工具入れから、園芸用のスコップを取り出すと、白い粉を掘ってみる。軽石のようにカラカラとした音がして、まるで珊瑚《さんご》の欠片《かけら》のように思えた。

少し掘ると、スコップに固い物が当たるので、手を突っ込んで中から引き抜く。

するとそれは、何かの動物の骨であった。

さらに掘ると、下から幾つも幾つも、様々な骨片が出てくる。

やがて、明らかに人骨とわかるものを手にした時、ようやく、奥に並べられた白い壺はすべて骨壺で、白い粉は遺灰だということに気がついた。

甕の中身に衝撃を受けつつも、今度は床に置いた紫の包みを開けることにした。

布を開くと、中には小さな頭蓋骨と、汚れた木札が入っている。

大きさからして、おそらく子どものものだろう。ただ、頭の上側が通常よりも大きく膨《ふく》れた形をしているので、もしかすると奇形かもしれない。

甕の中に詰め込まれた大量の人骨と異なり、これだけは丁寧に包まれているので、どのような意味があるかは不明だが、特別な存在であるのは確かである。

一緒に包まれていた木札は、縦二十センチ、横五センチほどの長方形で、表面に名前らしきものが記されているものの、全体が黄土色に変色しており、もはや何が書かれているのか判別がつかない。

字を読もうと顔を近づけると、木札からはなぜか、獣のような異臭がした。

ぞわっと鳥肌が立って、思わず床に投げ捨ててしまう。

いったい、ここで何がおこなわれていたのか。

大量の人骨が詰まった甕、奇形の頭蓋骨、獣臭のする木札。

儀式的ではあるが、それがどのようなものかは想像がつかない。

一瞬、警察に電話しようと携帯電話を手に取ったが、すぐにやめた。

ずっと独り身の伯母が、なぜ大量の骨壺を持っているのか。

考えたくはないが、伯母がなんらかの犯罪に関わっていた可能性は十分にある。

堅い仕事をしている仁志さんにとって、それは非常にまずい状況だ。

しかも、現在の家主は自分である。相続して半年も経ってから人骨を見つけたと言っては、自身の関与まで疑われそうで、最悪の場合、職を失うことだってあり得るだろう。

——よし、すべてなかったことにしよう。

そう決意すると、奇形の頭蓋骨を袱紗で包み直し、もう一度甕の中へ納めると、しっかりと木蓋を閉めて、その上に剥がした御札を載せた。

——何も、見ていない。

自分にそう言い聞かせながら、建て付けの悪い引き戸をガタガタと閉じて、もう一度長い掛け軸を吊るし直した。

その途端《とたん》、ズッ、と音がした。

掛け軸をめくると、閉めたはずの戸が少し開いている。

隙間からは、床に置かれた、紫色の包みが見えた。

——おかしい。さっき、甕の中へ入れたはずなのに。

怖くなって戸を閉めると、掛け軸の裏から、またズズズッと音がした。

もう、めくって覗く気にはなれない。

——この部屋には、二度と入らないようにしよう。

そう思いながら足早に部屋を出ようとした時、背後でズズズーッと大きな音がした。

振り向くと、なぜか掛け軸が床に落ち、滑りの悪い引き戸が全開になっていた。

気づけば、もう陽が暮れかけて、部屋の中はすっかり薄暗い。

開いた戸の奥は、真っ暗で何も見えないが、とても近づく気にはなれない。

——やっぱり、誰かに相談したほうがいい。

震える手で携帯電話をポケットから取り出すと、近くに住む伯母の親戚へ連絡を取ることにした。伯母の従兄弟にあたる丈治《じょうじ》さんという男性で、伯母とは生前から親交が深く、血縁の少ない伯母のために、喪主を引き受けて、葬儀を執り行ってくれた人である。

頼む、出てくれ……と祈るような気持ちでかけると、「もしもし、仁志君どうした?」と丈治さんの穏やかな声が電話口から聞こえてきた。

「信じられない話だけど、まずは聞いてください」と前置きをして事の経緯を話すと、丈治さんは口を挟まず最後まで聞いた後、

「そりゃあ、お籠めさまじゃ。啓子《けいこ》さんの所にあったんか……」と呟《つぶや》いた。

驚いて、「えっ、これが何か知ってるんですか?」と尋ねると、

「甕に入った福の神さまだけど、あんまり自慢できるようなもんじゃない」と言う。

そして、言いにくそうにしながらも、家に伝わる「お籠めさま」の話をしはじめた。

話は、江戸時代の後半まで遡《さかのぼ》る。

母親や伯母、丈治さんの血筋は、かつては近隣一帯を所有する庄屋だった。

ある時、本家の末の子どもに、頭が大きく膨れた、奇形の子どもが生まれたという。

生まれつき病弱で、目も見えなかったので、奥座敷で暮らしながら外に出ることもなく、半ば幽閉されるように暮らしていた。口は利けるはずだが、家人から腫《は》れ物のように扱われたせいか、人前で喋ることはほとんどなかった。

子どもが六歳になった時、遠方の町で問屋を商う大店《おおだな》の番頭が、庄屋の家へ使いに現れて、「お宅の子どもを、当家の養子に譲って欲しい」と頼んできた。

譲り受けるために大店が提示したのは、数百両もの大金だった。田舎の庄屋がお目にかかることのない大金を、目の前に積み上げられたという。

困惑した庄屋が理由を尋ねると、「その子は福をもたらすのです」と番頭が言う。

当時庄屋には、季節毎に訪れる旅の修験者《しゅげんしゃ》が出入りしており、この修験者が立ち寄った大店で、頭の膨れた子どもの話をしたところ、店主が大いに関心を示し、「それは噂に聞く、福の神ではないか」と言ったそうである。

なぜそう考えたのかはわからないが、文化元年頃から流行した福助人形《ふくすけ》の影響もあって、頭の大きな姿が、福の神に重なったのかもしれない。店主が平素頼りにしている占い師に相談すると、「間違いない」と言うので、こうして番頭を使いに出したわけである。どんな福をもたらすのか番頭に訊くと、「家の者は、いかなる時も食うに困らない」ので子々孫々永く繁栄するという。

庄屋の家の者たちは、それを聞いて初めて思い至った。そういえば、この子が生まれてから、たとえ不作の年でも、なぜか生活に困窮《こんきゅう》したことがない。

数百両もらえるのは凄いことだが、それでも「食うに困らない」ということは、何にも代え難い価値があるように思え、家人皆で相談の結果、子どもを譲るのはやめて、大店の誘いは丁寧に断ることにした。

ところが、である。

誘いのあったことは話していないはずなのに、何かを察したのか、普段は無口な子どもが突然、「あっちの家へもらわれたい」と言い出した。

「そんな話はない」といくら言い聞かせても、「いやだいやだ」「あっちがいい」と毎日煩《うるさ》く言い続けたようで、終いには家の者も苛々《いらいら》して面倒になり、怖がらせて言うこと聞かせるつもりで、子どもを大きな甕の中へ閉じ込めたという。

これで大人しくなったかと一日経って甕の蓋を開けると、子どもは冷たくなって息絶えていた。

福の神を殺《あや》めてしまった家の者たちは、どうして良いかわからず、結局、甕の中へ子どもを入れたままにして、奥座敷へ隠してしまった。

家人は皆、災いを恐れて過ごしたが、驚くべきことに、なぜか庄屋の家はそれからも生活に困ることなく豊かなままだったので、やがて「甕の中に居る福の神のおかげだ」ということになった。

以来、甕の中に祀《まつ》られた福の神のことを「お籠めさま」と呼び、甕を受け継ぐ者は、生涯食うに困らない、と代々言い伝えられてきた。

ただし、豊穣《ほうじょう》の代償として、所有者は亡くなった後、お籠めさまと一緒に甕の中へ入れられるのがしきたりで、次の持ち主は必ず、前任者の遺骨を甕へと納めなければならない。これを破ると、今の所有者が代わりに連れて行かれるのだという。

丈治さんはそんな話をすると、「本家がなくなってから、お籠めさまがどこにあるのか長い間わからんかったけど、啓子さんがこっそり隠し持っとったとはねえ。どうりであの人はあんまし働かんでも、食うには困らんかったわけだ……」と、しんみりした口調で締め括《くく》った。

聞き終えた仁志さんが、「それで、僕はどうすればいいんでしょう」と訊いた時、急に奥の暗闇から、ミシ……ミシ……と床を踏みしめるような音が聞こえてきた。

「丈治さん、今、甕のほうから足音が聞こえたんですけど……」と震え声で伝えると、

「急いで扉に錠をかけなさい。お籠めさまは、鍵を開けられんから」と言われた。

かかっていた南京錠は壊してしまったと伝えると、

「それはちょっといかんね。お骨を入れる約束を守らねえから、お籠めさまが怒ってるのかもしれん。ちょうど、どの墓に納めるか迷ってたんで、まだ手元に啓子さんの骨壺があるから、すぐに車で持って行ってやるよ。少し辛抱して待ちな。お籠めさまは目が見えねえから、静かにしとれば捕まらんよ」と言って丈治さんは電話を切った。

電話が切れると、辺りに静寂が戻ってくる。

暗闇の向こうで、再び、ミシ……ミシ……と音がした。

聞き間違いではない。明らかに、床を踏む足音だ。

背筋を冷たいものが走り、全身が総毛立つのがわかった。

視線を床の間から外すことが出来ないものの、それでもなんとか電気を点けようと、後ろ手で必死に電灯のスイッチを探すと、ようやく指先にスイッチが触れた。

カチ。おかしい、電気が点かない。

カチカチカチ。やっぱり、点かない。

ブレーカーを落としているわけでもないのに、なぜか部屋の明かりが点灯しない。

やがてミシ……ミシ……という足音は床の間を出ると、部屋の中まで進んできた。

今度は畳の上を進む、ギュ……ギュ……という足音へ変わっている。

暗がりの中で目を凝らしても、足音はするが、誰の姿も見えはしない。

ただ、ゆっくりと踏みしめるように歩く音だけが、部屋の中に響いている。

恐怖が限界まで達した仁志さんは、電灯のスイッチをカチカチカチと連打しながら、思わず「なんで電気が点かないんだっ！」とヒステリー気味に叫んでしまった。

途端に、それまでゆっくりだった足音が、ギュッギュッギュッと早足になって、自分のほうへ真っ直ぐ向かってくるのがわかった。

――しまった、静かにしなくては。

スイッチに触るのをやめ、息を殺して壁際に貼り付く。

すると、姿は見えないものの、自分のすぐ眼前を、濃い気配が通り過ぎていくのがわかった。一瞬だけ、ツンとした獣じみた臭いが、鼻の奥を刺激する。

足音は隣の部屋へと去っていき、しばらくしてなんの物音も聞こえなくなった。

その時、手に握っている携帯電話が振動した。見ると、丈治さんから着信である。

「今そっちへ向かってるけど、大丈夫か」と聞かれたので、

「ヤバいですよ、小部屋の中から出てきて、家を歩き回ってます」と言うと、

「隠し部屋から出たんなら、逆にそこへ隠れるのが一番安全だ。あんた改築してるなら、棒切れのひとつぐらいあんだろ。中からそれを突っかえ棒にして、戸が開かないようにしな。アレは、閉めた戸をすり抜けて入ってこられんのよ。心配だったら、甕の上に置いた御札を、突っかえ棒に貼ればいい。絶対に開けられんから」と教えられた。

電話を切ると、息を潜めて静かに歩き、資材置き場に使っている部屋へと移動した。

そして、太くて堅そうな角材を手に取ると、ゆっくりと元の部屋へと戻っていく。

辺りに物音や気配がないのを確認すると、床の間の奥の部屋へサッと身を滑らせた。

そうっと引き戸を閉めようとしたが、建て付けが悪く引っ掛かってうまく動かない。

仕方なく思いきり引くと、ガタガタッと大きな音を立ててようやく戸が閉まった。

——まずい、お籠めさまが来てしまう。

手に持った角材を、壁と戸の隙間に差し込もうとするのだが、真っ暗なのでうまく嵌め込むことが出来ない。ガタガタ、ギシギシと、再び大きな音が響く。

流れる汗が、顎《あご》先から滴《したた》っているのがわかる。

——頼むよ、早く嵌ってくれ、来ちゃう、来ちゃうよ……。

ほとんど半泣きになりながら、暗闇の中で必死に棒を動かし続けると、ガチッと隙間に嵌る感触があった。手探りで甕の上にある御札を取ると、急いで棒に貼り付ける。

——良かった、これでもう、戸を開けることは出来ないはずだ。

そう思ってホッとひと息ついたところで、再び丈治さんから着信があった。

心配そうな声で「無事か?」と尋ねるので、「なんとか、隠れることが出来ました」と伝えると、「いいか、オレが行くまで、絶対に隠れてるんだぞ」と強く言ってくる。

「わかりました」と答えようとした時、戸の向こうでドタドタと大きな足音がした。

そして、「おーい、仁志くん、どこにいるんだぁ」「おおーい」と、丈治さんが呼ぶ声が聞こえてきた。

早速来てくれたのかと思い、外に向かって「ここです！」と大声を上げると、電話口から、「馬鹿野郎、それはオレじゃねえって。声真似してるんだよ。騙《だま》されんな！」と丈治さんの怒鳴《どな》り声が聞こえてきた。

足音が戸の外まで来ると、「仁志くん、そこに居るんか？」と声がした。

息を殺していると、「おい、居るんだよな？　早く入れてくれ」とまた声がする。

そのまま無言でいると、「入るぞ」と言って、戸がガタガタと揺れた。

かなり激しく、何度も戸が引かれたものの、角材のおかげで開くことはなかった。

外からは、「どういうつもりだ！　おいっ！」と、怒気を含んだ声が聞こえてきたが、身体を丸めて静かにしていると、やがて声が消え、足音も遠ざかるのがわかった。

――あぶない、助かった……。

安堵《あんど》に胸を撫で下ろしながら、ふと、ひとつの事に気がついた。

――あれ、なんで丈治さん、甕の上に御札があるのを知ってたんだろう。

続けて、別の違和感が浮かんできた。

――それにあの人、途中から「お籠めさま」のことを「アレ」って呼んでたな。

――まさか。

冷や汗の滲《にじ》む手でポケットを探ると、そこには携帯電話が入っていた。

——では、ずっと通話しながら、左手に握っているコレは、いったい何だ。

携帯電話の明かりで照らすと、左手にはあの獣臭い木札を握り締めている。

——これを電話だと思って話していたのなら、その相手というのは。

——しまった、これは罠《わな》だ。

急いで部屋を出ようと、突っかえ棒に手を伸ばした瞬間。

後ろから、見えない腕がぐいっと絡みついてきた。

抱きすくめるように、強い力で締め上げられて、まったく身動きが取れない。

おそらく、先ほど戸を開けようとしたのが本物の丈治さんだ。

呼び戻すために大声を出そうとすると、見えない手が口元を覆《おお》って、声が出せない。

外から入れないよう自分の手で戸を閉めて、わざわざ甕と一緒に閉じ籠ったわけだ。

すっかり騙されてしまった、もうダメだ……そう諦めかけていると、またドタドタと足音がして、「仁志くん、無理矢理開けるぞっ！」と声がすると、ガンッ、ガンッともの凄い強さで外から叩かれ、やがて戸が割れて外の明かりが射しこんできた。

隙間からは、仁志さんのハンマーを持って心配そうに立つ丈治さんの姿が見えた。

そして、助け出された時には、掴んでいた腕の感触はいつの間にか消えていた。

結局、仁志さんは伯母の家を手放すことにして、甕ごと丈治さんへ譲ってしまった。伯母の骨を納めたからだろうか、以降、怪異が起こることはなく、丈治さんは長生きして、最期まで食うに困ることはなかったそうだ。

話を聞き終えた私は、甕の行方を尋ねてみたが、丈治さんの死後、家は処分され、甕は再び行方知れずになり、今は誰の手元にあるのか皆目《かいもく》見当がつかないという。

ただ、私にはひとつ言えることがある。

仁志さんと飲み屋で知り合ってもう十年経つが、話に出てきた「堅い仕事」はとうに辞めており、今はなんの仕事をしているかわからないが、不思議といつも羽振りが良く、お金に困った様子は一度も見たことがない、ということだ。

お絵描き

子ども好きの金城《きんじょう》さんは、数年前までは、忙しい金融の仕事の合間を縫《ぬ》って、休日に子どもの遊び相手をするボランティア活動をしていたそうだ。

「今はやっていないの?」という質問に、「今はもう怖いから……」と言葉を濁す。

これはそんな彼から聞いた話である。


金城さんがボランティアをしていたのは、絵本の読み聞かせサークル。

主催の年配夫婦は、自宅を改装して大量の絵本や児童書を収めたミニ図書館を作っており、土日には近所の子どもたちへ出入り自由で開放していた。毎回十人程度の子どもが来ていたが、半数以上の親は無料の託児所代わりに利用していたようだ。

「絵本を読んであげるだけだから、と聞いて手伝うことにしたけど、実際は保育士みたいなもんですよ。子どもたちは遊ぶために来てるから、それはもう元気です。三、四人同時に相手すると、仕事よりへとへとになったくらいです」

そう語りながら、金城さんは懐かしそうな笑顔を浮かべる。

やって来る子どもたちの中に、玲子ちゃんという五歳の女の子がいた。

小さい頃は、男の子より、女の子のほうが活発で気が強いことが多い。同世代の女の子たちが互いに自己主張して遊ぶ中、玲子ちゃんだけは離れた所に一人座って、黙々とお絵描きをして過ごしていた。

両親は休日でも忙しいようで、玲子ちゃんはいつも物静かな祖母に手を引かれてやって来る。金城さんは、共働きの親に寂《さび》しい思いをさせられた自身の幼少時代が思い起こされ、どうにも放っておけない気持ちになった。

時間を見つけて構ってあげるようにすると、最初は顔を伏せて無口だった玲子ちゃんも、次第に打ち解けて笑顔を見せ、彼にとても懐《なつ》くようになった。

「ボランティア仲間に褒《ほ》められたり、玲子ちゃんのおばあちゃんに感謝されたりして、少し調子に乗ったというか、勘違いしたんでしょうね。ママやパパと遊べなくて寂しい、と泣いてしまう玲子ちゃんが不憫《ふびん》で、だんだん付きっ切りで遊ぶようになってしまって。他の子は人にまかせきりで、二人でずっとお絵描きをしていました」

出来れば同世代の子どもと一緒に遊ばせてほしいという主催者の言葉にも反発を覚え、「前みたいにずっと独りぼっちで放っておけばいいんですか」などと言い返してしまい、金城さんは少しずつ周囲とぎくしゃくしはじめてしまった。

それでも人手不足の中、毎週来てくれるボランティアは貴重だったからであろう、もう来なくていいと言われることはなく、毎週、玲子ちゃんと何時間も遊んで過ごすのが金城さんの習慣となっていった。


そうして、数か月が経った頃。

いつも動物や花の絵ばかり描いていた玲子ちゃんが、ここ最近、よく家族の絵を描くようになった。

父親が真ん中で、右側に玲子ちゃん、左側に母親が立っている。

三人が手をつないで笑っており、とても幸せそうな絵である。

考えてみると、ここしばらく「ママやパパと遊びたい」「寂しい」という言葉を聞いていない。そうか、きっと両親と一緒に過ごす時間も増えてきたんだな、と思うと、兄のように接してきた金城さんはとても嬉しくなった。

玲子ちゃんはいつも、せっかく描いた絵を家に持って帰りたがらない。

理由を聞くと、「おばあちゃんに見せるのが恥ずかしいから」だと言う。

もったいないとは思いつつも、保管場所がないので毎回捨ててしまっていたのだが、家族三人で笑っている絵は、捨てる度になんだかやるせない気持ちになってしまう。

せめて記念に一枚くらいと思い、ある時、玲子ちゃんには内緒で、お迎えに来た祖母にこっそり手渡すことにした。

「以前は寂しがっていたんですよ。でも今は笑顔を見せてくれるようになって」と家族の絵を渡すと、玲子ちゃんの祖母は一瞬目を丸くした後、両手で顔を押さえ、ううっと嗚咽《おえつ》を漏《も》らしながら泣きはじめてしまった。

突然のことに金城さんが困惑していると、「ごめんなさいね。でも亡くなった両親の絵を、こんなに楽しそうに描くもので、つい切なくなってしまって……」と泣きじゃくりながら謝られた。

聞けば、玲子ちゃんの両親は、三年前、旅先の事故で亡くなっているのだという。祖母宅に預けられていた玲子ちゃんは無事だったが、それ以来、祖母と孫の寂しい二人暮らしをしてきたそうである。

「ずっと笑顔が消えていたんですよ。本当にかわいそうで……。でもこんなに楽しそうに描けるようになったのは、きっとあなたのおかげです」

そう言うと、玲子ちゃんの祖母は金城さんの手を握りしめて、涙ながらに感謝した。

彼も玲子ちゃんの健気な気持ちに打たれ、つい一緒にもらい泣きしてしまった。

「だから翌日、また楽しそうに家族の絵を描く玲子ちゃんの姿を見たら、堪《たま》らなく切なくなってしまって。膝《ひざ》の上に抱き寄せると、こんなにたくさん描いてもらって、パパもママも天国で喜んでるよ、と励ましてあげたんですよ。そしたら――」

玲子ちゃんはつぶらな目で、「これ、パパとママじゃないよ」と不思議そうに言った。

金城さんが驚いて、「えっ、誰なの？」と聞くと、「これお兄ちゃんだよ」と絵の中央に描かれた男の人と、金城さんとを交互に指してくる。

「この子は？」と右側の小さな女の子を指したら、「わたし」と自分を指す。

そして「お兄ちゃんと、みんなで家族になるんだよ」とにっこり笑いかけてきた。

ああそうか、自分と玲子ちゃんだったのかと胸が熱くなりかけた金城さんだが、でもそれなら、左側の女の人は誰だろうと疑問が湧いた。

「この人はママ？」と聞くと、「ううん、いつも一緒に遊んでるお姉ちゃんだよ」と言う。

怪訝《けげん》な顔をする金城さんに、玲子ちゃんは笑顔で話しかけてくる。

お姉ちゃん、前はね、部屋の隅っこで寂しそうにしてたよ。

でも今は、お兄ちゃんとずっと一緒だから、とっても嬉しそう。

寂しい三人で家族になろうねって、いつも言ってるよ。

優しいお兄ちゃんが大好きなんだって。私はお兄ちゃんもお姉ちゃんも大好き。

私たち、三人で家族になろうね、お兄ちゃん。


チラチラと金城さんの肩越しに目をやりながら、玲子ちゃんは嬉しそうに話す。

金城さんは首の後ろに女の息遣いを感じた気がして、全身に鳥肌が立ったという。

「恥ずかしながら、ボランティアはその日で辞めました。急に居なくなって玲子ちゃんには本当に申し訳ないことをしたと思っています」

話し終えた金城さんは、うつむいたまま席を立つと、最後に言った。

「時々気になることを言われるので、ひとつ聞いてもいいですか。僕から香水の匂いとか……してませんよね？」

暗い目でこちらを見つめてくる彼に、私は無言で頷《うなず》いた。

ゆれる影

私が昔勤めていた職場の同僚に、伊東さんという女性がいる。

懇意《こんい》にしていたわけではないのだが、とても怪談が好きな方なので、私が怪談師になったと聞いて、ぜひ「霊が見える」従妹の話を聞いて欲しいと連絡が来た。

これはその伊東さんに紹介された、奈月さんという二十代の女性から聞いた話である。


奈月さんは、生まれつきこの世ならざるものが見えたわけではない。

きっかけは、約二十年前、高校一年生の出来事である。

歩いて通える地元の高校に入学した奈月さんだが、良かったのは家に近いことだけ。部活動の盛んな学校だったのだが、人見知りなうえ、皆で一緒に何かをやるのが苦手な奈月さんは、どの部活に入ろうか決めあぐねているうちに、結局入部のタイミングを逃して、クラスでただ一人、どの部活にも入らず帰宅する生徒になってしまった。

「仲間と共に頑張ろう」が校風の中で、すっかり浮いた存在になった奈月さんは、友達が出来ないばかりか、半年も経つ頃には、性格がきつめの女子グループに目をつけられ、露骨に馬鹿にされたり、虐《いじ》められたりするようになっていた。

居場所がないのは、学校だけではなかった。

両親は互いにほとんど口を利かないほど仲が悪く、フリーで雑誌のライターや編集の仕事をしている父親は、仕事と称して大半の時間を自室で過ごし、食事も部屋でとって家族の顔を見ようともしない。奈月さんにあまり関心を示さない冷たい父親である。

一方の母親は、家に居たくないのか昼も夜も工場勤めのパートに出ており、奈月さんには優しく接してくれるものの、元から神経質で弱いところがあり、ストレスや困り事など精神的に負荷がかかるとすぐに機嫌が悪くなるため、学校に友達がいないことや、虐められて辛い思いをしていることは、とても相談出来る相手ではなかった。

一緒に下校する友達もいないので、一人きりで帰路につく。

でも、重苦しい雰囲気の家に、真っ直ぐ帰りたくはない。

仕方なく、遠回りして散歩したり、公園のベンチに座ったり、河川敷で川を眺めたり、人の来ない空き地でぼんやりして、日没までの時間を過ごすのが日課になっていた。

そんな、ある冬の日のこと。

奈月さんは市街地から離れた所にある原っぱへ寄って、遠くに沈む夕陽を見ながら、自分はこの先もずっと、人から嫌われて、居場所のないまま過ごしていくのだろうか、などと憂鬱《ゆううつ》な気分を持て余していると、草むらの向こうに、何やら妙なモノが見えた。

原っぱの奥には、一本だけ立派な楡《にれ》の木が生えている。

横に大きく張り出した枝の下で、てるてる坊主がひとつ揺れていた。

夕暮れ時の西日を背に、楡の木もてるてる坊主も黒い影になって、数十メートル離れた遠目ではシルエットしかわからない。

ただ、てるてる坊主のような、人型の何かがぶら下がっているのは見てとれる。

しばし眺めてから、奈月さんはそれが本当に人であることにようやく思い至った。

誰かが、首を吊っている――。

思わず楡の木へ駆け寄ろうとした時、ふと、気づいた。

人影が、ずっと揺れている。

辺りにはそよ風すら吹いていないのに、静かな原っぱの向こうで、木にぶら下がった黒い影が、ずっと左右に揺れ続けている。

途端《とたん》に怖くなった奈月さんは、逃げるようにその場を去り、警察に通報しようか思い悩みつつも勇気が出ず、あれはなんだったのかと震えながらその晩を過ごした。

翌日、恐るおそる同じ場所を訪れると、もう楡の木の下に人影はなかった。

すでに発見されて、遺体が回収された後かもしれない。そう思おうとしたが、翌日になっても、近所で首吊りが見つかったという話は耳に入って来なかった。

もし本当に事件があったなら、地元の噂に敏感な母親が、一日パートに出て何も知らないはずがない。あれは単なる見間違いだった。そう思い込もうとしたのだが、これを境にして、奈月さんはあの人影を何度も見かけるようになってしまった。


最初は、原っぱで人影を見てから二日後、学校の帰りに公園へ寄り、ベンチで本を読んでいる時に起きた。

コツン。足先にピンクのボールが当たったので顔を上げると、すぐ近くに小学低学年くらいの女の子が一人で立っている。

奈月さんは「いくよー」と声をかけてボールを投げ返したが、女の子は足元を転がって通り過ぎるボールには目もくれず、上を見たまま微動だにしない。

女の子は、真横に立つ街灯を見上げていた。

夜間に園内を照らせるよう、街灯はかなり背の高い造りになっており、女の子はそのてっぺんを不思議そうな表情で見つめている。

つられて奈月さんも視線を上へ移すと、街灯の丸く湾曲《わんきょく》した照明部分から、黒い人影がぶら下がっていた。

夕方とはいえまだ日も落ちていないのに、光が当たらないかの如《ごと》く見え方が暗い。

ちょうど吊られたように首元が折れ曲がっており、手足の力が抜けた状態で、振り子のようにゆっくりと揺れていた。


翌日からは、夕暮時になると、首を吊って揺れる黒い影が見えるようになった。

――通学路の脇にある、雑木林の木々の隙間に。

――何気なく目に入った、薄暗い空き家の二階の奥に。

――暗い夜道に並び立つ、いずれかの電柱の横に。

まるで奈月さんの行く先を付け回すようにして、黒い影は街角のあちこちに現れた。

直視すると酷《ひど》く恐ろしいことになりそうな気がして、奈月さんは極力、影の方を見ないように目線を逸らし、その場を足早に通り過ぎる。

そんな状態が何日も続いたある日、精神的な疲労が募ったこともあり、授業中に体調が悪くなり学校を早退してしまった。ただ、まだ日の高い時刻に帰路についたせいか、下校時に影と一切遭遇しなかった。

この方法なら、もう出遭わずに済む。そう思って、翌日は日没前に走って帰宅した。

やはり影を見かけることはなかったので、しばらくはこの方法でやり過ごそうとひと安心しているうちに、その日はいつの間にかベッドに倒れて眠ってしまっていた。

ピンポーン　ピンポーン

立て続けに鳴る玄関の呼び鈴で目を覚ますと、母親がパートから帰ってきたようで、インターホン越しに、「買い物袋で両手が塞《ふさ》がってるから、鍵を探すのが面倒なのよ。悪いけどドアを開けてくれる?」と頼まれた。

奈月さんが玄関を開けると、なぜか居るはずの母親が立っていない。

庭付きの一軒家なので、玄関前には庭が広がっており、日曜大工が趣味の父親の作業場や工具箱が置かれているので、人が隠れられるような場所はいくつかある。

年甲斐もなく悪戯《いたずら》をしているのかと思い、母親のことを呼びながら庭を見渡したが、返事はなく、母親の姿はどこにもなかった。

その時、玄関口に立つ奈月さんの鼻先を、スウっと風がよぎる感覚がした。

あれっ？　と思っていると、また見えない何かが鼻先を通った。

足元には、室内から射す光で、玄関の外へ自分の影が長く伸びている。

でも、影は自分だけではなかった。人の下半身の影が、奈月さんへ重なるようにして、ぶらん、ぶらんと右へ左へと揺れている。

見えない誰かが、玄関のすぐ外に吊り下がっていることがわかると、奈月さんは声にならない悲鳴を上げて、急いでドアを閉じると室内に逃げ込んだ。

父親の部屋の扉を叩き、「お父さん！　家の前に幽霊が出たっ！」と叫んだが、中からは面倒臭そうな声で、「仕事中は邪魔するなと言ってるだろう！　もし本当にお化けが来たのなら、何か用件があるんじゃないか。お前が聞いてやればいいだろう」と投げやりな言葉しか返ってこなかった。

怖さのあまり、自室で布団を被《かぶ》って何時間も震えて過ごしていると、ようやく本物の母親がパートから帰宅した。

やはり母親にも、「首吊りしてる幽霊が玄関に出た！」と話したが、無言のまま、酷く気味の悪いものを見るような顔をされたので、それ以上何も言えなくなってしまった。

厭《いや》そうな表情の母親へ、「体調が良くないから、今週は学校を休みたい」と言うと、何やら奈月さんの様子にただならぬものを察したのか、明らかな仮病を咎《とが》めることもなく、「いいわ。お母さんが先生に連絡しておいてあげる」と優しく言われた。

遠くに見えていた黒い影は、いつの間にか家の前まで来てしまった。

怖くてとても外に出られない。この先、どうすればいいんだろう……。

そんなことを考えながら、ずっとベッドの中で布団にくるまって過ごすうちに、三日経って金曜の夕方になってしまった。

このままだと、月曜になっても学校へ行ける気がしない。どうせ行っても、皆に無視されるか、嫌がらせをされるだけで、教師だって校風に馴染《なじ》まない自分のことを疎《うと》ましそうに扱うんだから、もうこのまま退学しちゃってもいいんじゃないか。

頭の中でそんな考えを巡らせていると、ピンポーンと呼び鈴が鳴り、少しして下の階から、「クラスのお友達がお見舞いに来たわよー!」という母親の声がした。

やがて、ドスドスと乱暴に階段を上がる足音を聞いて嫌な予感がしたが、案の定、奈月さんが一番会いたくない、同じクラスの女子が部屋へ入ってきた。

「おっ、サボり野郎、ついに登校拒否かよ。アンタがいきなり登校しないもんだから、担任から『貴女のせいなの?』とか責められただろ。来週からもちゃんとこれまで通り仲良くしてやるから、諦めて月曜は学校来いよ」と、クラスの虐めの中心にいる女子が、意地悪そうな薄ら笑いを浮かべて話しかけてくる。

奈月さんは、「本当に病気で具合悪いの。お見舞いはもういいから、早く帰って！」と叫んで背中を向けると、後はクラスメイトから何を言われても返事をせずに、頭から布団を被ってひたすら無視し続けた。

三十分ほど経っただろうか、突然、クラスメイトの口調が変わった。

「ねえ、このまま家に居たってしょうがないじゃない」

急に優しい声を出して、宥《なだ》めるように話しかけてくる。

そして、同じ台詞を、何度も何度も繰り返す。

いったい何のつもりだろうと思っていると、次第に声の聞こえ方まで変になってきた。

「ねえ……このまま……家に……居たって……しょうが……ないじゃない」

小柄なクラスメイトにしては、聞こえてくる位置が妙に高いのだ。

しかも、途切れ途切れになる声の合間には、ギュッ、ギュッ、と軋《きし》むような音がする。

怖くなった奈月さんは、両手で耳を塞ぎ、布団の中で身体を縮こまらせてやり過ごそうとしたが、クラスメイトはこちらに話しかけてくるのをやめない。

ねえ……このまま……家に……居たって……しょうが……ないじゃない……。

ねえ……このまま……家に……居たって……しょうが……ないじゃない……。

どれくらい時間が経っただろうか、西日の射していた部屋の中が、夜の闇で真っ暗になる頃、ようやく声は止まり、後にはただ、ギュッ……ギュッ……ギュッ……と、重い物を吊るした紐か縄が引き絞られるような音だけが、朝になるまでずっと聞こえ続けた。

布団から一歩も出られなかった奈月さんは、翌朝になって母親に昨日のことを確認してみると、クラスメイトの女子が来たのは本当だが、三十分もしないうちに、不機嫌そうな顔で帰って行ったという。

ただ、母親の話を聞きながらも、キッチンの床に揺れる下半身の影が映っているのを見て、ああ、もう家の中まで来てしまったんだ、と暗澹《あんたん》たる気持ちになった。

もう、家の中にすら、どこにも逃げ場がなかった。

賑《にぎ》やかな番組がテレビから流れる、リビングの床にも。

身体を洗って湯気の立ち込める、風呂場の床にも。

最も安心できるはずの、自室の床にも。

揺れ続ける人影が、自分のすぐ傍《そば》にぶら下がっているのがわかる。

影に怯《おび》えながら土日を過ごすと、奈月さんは家に居ることすら耐えられなくなり、クラスメイトから嫌なことをされても構わない、月曜が来たら、人のたくさん居る学校へ行きたいと思うようになっていた。

ところが、いざ登校してみると、先週休んでいたことに誰も触れることなく、虐められるどころか、自分を遠巻きにして近寄って来ない。

担任の教師ですら、「体調はもう大丈夫?」と引き攣《つ》った顔でひと言聞くと、奈月さんの返事も待たず足早に遠ざかって行った。

不審に思いながらも一日を終え、下校しようとした時、前の座席に座っているクラスメイトが、「ねえ、あなたの病気、本当に治ってるの?」と尋ねてきた。

学校で人に話しかけられるなど、久しぶりのことである。

嬉しくなった奈月さんが、「うん! もう平気!」と明るい声で答えると、話しかけてきた女子は厭そうに顔を歪《ゆが》め、「本当? だってあなた、凄く臭いわよ」と言った。

続けて、「変な病気うつさないでよ……気持ち悪いなあ」と吐き捨てるように言って、そのまま席を立ってしまった。

驚いた奈月さんが周囲を見ると、クラスメイトたちが自分を厭そうな顔で見ている。

一人の男子生徒が、「あいつ内臓腐る病気じゃねえの！」と叫ぶと、堰《せき》を切ったように、皆が「病気」「臭い」と口々に言うので、奈月さんは吃驚《びっくり》してしまった。

自分のにおいを必死に嗅いでみるが、やはり何もわからない。

クラスメイトの声に追われるようにして教室を後にすると、奈月さんは泣きそうになりながら家まで走って帰った。

お茶を飲んでひと息つこうと思い、キッチンへ行くと、この時間にはパートへ行っているはずの母親が、なぜかボーっとした様子で椅子に腰かけていた。

「ただいま」と挨拶をしても、気の抜けた表情で「うん」と答えるだけ。

どうしたんだろう……と変に思いつつも、奈月さんは学校での話を聞いてもらいたくなり、「今日、みんなに酷いことを言われて……」と、クラスメイトから、臭い、と馬鹿にされたことを涙ながらに話した。

すると、それまで無気力そうだった母親の顔色が一変した。

突然、アハハハハハハ、と狂ったように笑い出し、困惑している奈月さんへ瞳孔《どうこう》の開いた眼を向けると、「そうよ、アンタ臭いのよ」と言って、またアハハハハハと笑った。

ショックを受けた奈月さんが、「お母さん、どうしちゃったの？　なんでお母さんまでそんな酷いこと言うの？」と涙を堪《こら》えた声で訊くと、母親は「だって、本当に臭いんだもの。でも大丈夫、お母さんも臭いわよ。おかげでパートに行けなくなっちゃった」と言いながら、ひたすら笑い続けている。

「いい加減にしてっ！　なんでそんなこと言うのよっ！」と奈月さんが大声で叫ぶと、笑っていた母親はやっと真顔に戻り、疲れた顔で呟《つぶや》くように言った。

「お父さんが死んで、もう半月以上経つんだから、そりゃあ家中臭いわよ」と。

母親はいったい何を言っているんだろう。

父親とは、先週玄関で幽霊を見た時に、少しだが話をした。

相変わらず冷たかったけれど、いつもと違う様子はなかった。

でも確かに、ここしばらく、一度も姿を見ていない。

急いで父親の部屋の前まで行ってみると、すべての隙間を塞ぐようにして、入口の扉には粘着テープが貼られている。

あれ、いつからこんな風になっていたんだろう。

テープを剥《は》がして、入口の引き戸をガラリと開く。

部屋の中は電気が消えており、カーテンも閉じられているので真っ暗だ。

それでも、外からの明かりで、目の前にあるのは、人の足先なのがわかる。見上げると、天井の梁《はり》にロープをかけて、父親が首を吊っていた。足元の畳は、体内からこぼれ出たもので大きく変色している。腐敗の進んだ遺体の様子は、死後それなりの時間が経過していることを示していた。電気のスイッチを押すと、部屋の中でブワッと黒い塊《かたまり》が動いた。それが無数の蠅《はえ》であることを理解した瞬間、奈月さんに向けて臭いの塊のようなものが一斉に押し寄せてきた。

もの凄く、臭い。吐きそうなほどの腐敗臭が辺り一面を覆《おお》っている。これまで何も感じてこなかった悪臭に囲まれ、奈月さんは悲鳴を上げてその場にうずくまってしまった。

奈月さんが後に聞かされたところによると、絶叫する娘の姿を見て、もうダメだと諦めた母親は、そのまま警察を呼んだという。

父親は死後二週間以上が経過。冬場とはいえ遺体はかなり腐敗が進み、頸部《けい》はあと少しで千切れ落ちる寸前だった。

母親が警察に語ったところによると、夫婦喧嘩《げんか》で言い争った末、掴《つか》んでくる夫の手を振り払ったところ、勢い余って二階の階段から突き落としてしまった。

夫の息がないことでパニックになり、このままでは殺人犯になってしまうと考え、庭に置かれていたDIY用具入れからロープを取り出し、自殺に見せかけようと、夫の部屋に遺体を吊るした。

そして、夫のパソコンで遺書を書こうとしたが、書き方をインターネットで調べる過程で、別の死に方をした遺体を首吊り自殺に見せかけようとしても、警察が調べると簡単に嘘がバレることを知ってしまい、このまま警察を呼んだら偽装工作をした罪まで加わると思って、どうしていいかわからなくなった。

完全に錯乱状態になってしまったので、いったん落ち着くために、その夜は部屋の扉を閉めて眠ることにしたが、一晩明けるとますます恐ろしくなり、もう部屋を開けることも出来ず、だからといって警察を呼ぶことも出来ず、すべてなかったことにしたいという思いから、部屋の入口を粘着テープで閉じてしまった。

数日が経つ頃には、夫の部屋から異臭が漏《も》れ出てくるようになったが、同居する娘はなぜか異変に気づく様子もなく、普段通りに過ごしているので、それがまたなんともいえず気味が悪い。

ただ、しばらくすると娘は「首吊りの幽霊を見た」と言って学校へ行かず部屋へ閉じこもるようになり、久しぶりに登校したものの、「みんなに臭いと言われた」と泣いた後、夫の部屋で遺体を見つけて悲鳴を上げたので、なかったことにするのはもう無理だと思い、諦めて警察に通報したのだという。

夫への傷害致死に加え、犯行の隠匿《いんとく》を図ったことから、母親は実刑判決を受けて服役することになり、奈月さんは親戚の家へ引き取られて、別の高校へ通い、そのまま大学を卒業する頃には、親戚の養子として戸籍も変更することになった。

この親戚というのが、奈月さんを紹介してくれた、私の元同僚の伊東さんの家であり、現在は戸籍上、伊東さんと奈月さんは従妹から姉妹になっている。

母親は三年で出所したが、皆で話し合いの結果、奈月さんの将来のためにも、二度と奈月さんの人生には関わらない、奈月さんの前には現れないということに決まった。

でも、奈月さんにとって、「あの出来事はまったく過去ではない」という。

自宅、勤務先、繁華街のビルの隙間、光の届かない暗い場所ならどこでも、首を吊った人影が揺れているのを未だに見かける。

さすがに毎日ではないが、それでも月に一度は見てしまう。

それだけでなく、霊感が目覚めてしまったのか、事件以来、暗闇の中にいろんなモノを見るようになってしまった。

「だからあの黒い影がつきまとう限り、自分は一生、暗がりに幽霊を見続けるんです」

話を聞かせてくれた奈月さんは、そう言いながら疲れた微笑《ほほえ》みを浮かべた。


さて、奈月さんの取材を終えて帰宅すると、紹介者の伊東さんから電話があった。

感想を聞かれたので、「凄い話だった、紹介してくれてありがとう」とお礼を伝えると、

「ねえ、あの子、嘘ついてると思わない？」と、伊東さんが訊いてきた。

私ね、従妹だからあの子の父親を知ってるんだけど、背が高くて体格が良かったの。

とてもじゃないけれど、小柄な母親一人の力では、ロープで引き上げられないくらいに。

だからね、きっとあの子も一緒に手伝ったんだと、私は思ってる。

それにあの子、死んだ父親のことはまったく悲しんでないし、悪口しか言わないの。

事件を起こした母親のことは、今でも懐かしそうな顔をして話すのに。

そうするとね、もっと厭な想像も浮かぶわけ。

もしかすると、階段から父親を落としたのも、全部なかったことにしたかったのも、母親ではなく、あの子のほうだったんじゃないかって。

でも、忘れようとしても、臭いに気づかないふりをしようとしても、首を吊った黒い影が現れて許そうとしなかったから、最後にはあの子がおかしくなった。

だから、もしかすると母親は、すべての罪を被《かぶ》って服役したのかもしれない。

まあ、私はそんな風に思ってるんだ。

あとね、この話を人にすると、今でも見える黒い影は、あの子の罪悪感が作る幻覚だってよく言われるんだけど、私は絶対違うと思うの。だって、「黒い影が見える」と言ってあの子が暗闇を見つめる時、いつも嬉しそうな顔で微笑んでいるのよ。

何をしたにせよ、あの子はまったく後悔していない。これだけは、断言できる。


本来であれば奈月さんの体験だけでもよいのだが、伊東さんの推察が大変興味深かったので、そちらも添えたうえで、話を締め括《くく》らせていただく。

まごころの椅子

宇野さんの地元には、「まごころの椅子」と呼ばれる石造りのベンチがあった。

民家の軒先に置かれており、ベンチの横には「ひといきついてください」と木彫りの看板が立てられ、通りすがりの人が誰でも自由に腰掛けられるようになっていた。

このベンチは、地元で「心臓破りの坂」と呼ばれる、長く急な坂道のちょうど中腹に置かれていて、お年寄りや子ども、荷物を持った人などがよく休憩に利用していた。

ベンチは、横の長さが二メートル以上ある立派な一枚岩を切り出して造られており、地元の年寄りに言わせれば、元は神様の祀《まつ》られていた場所に置かれていた石で、何十年も前に九州から関東まで船で運ばれてきた、特別な謂《いわ》れのあるものだという。

ベンチを置いたのは、家の持ち主である資産家の老人で、かつては四国のほうで地上げ屋まがいの悪どい商売をしていたが、自身の運転する車が崖から落下する事故に遭い、愛する妻と子どもを亡くしてしまった。

それ以来、「罰が当たった」と商売を辞めてこの土地へ越してくると、当時空き家だった一軒家を購入し、金儲けはせず、静かに余生を過ごしているらしい。

どうやら重い持病を抱えているようで、人前に出る機会は少なかったが、寄付や慈善活動を積極的に行っているようで、よそ者ながら地元での評判はとても良かった。

自宅の前にベンチを設置したのも、本人曰く、「これまでの罪滅ぼしのため」に少しでも人の役に立つようなことがしたいからだという。


虫採りが好きだった宇野さんは、小学四年生の夏、近所の草むらで虫を探していると、素晴らしく大きなカマキリを捕まえた。ただ、家へ持って帰ることが出来ない。

父親が再婚した義母は、とにかく虫が嫌いで、うっかりカマキリなど見せようものなら酷《ひど》い癇癪《かんしゃく》を起してしまう。

とはいえ、すぐに野へ放つのもつまらない。仕方なく、宇野さんは帰り道にある例のベンチに腰掛けると、カマキリをその上に載せて、指でつついたりしながら、カマをもたげる姿をのんびり眺めて楽しんだ。

長い坂の真ん中にあるので、いったん座ると面倒くさくなり、立ち上がる気力が削《そ》げてしまう。一日中遊んだ疲れも出てきたのか、次第に瞼《まぶた》が重くなってきたので、そのままベンチに丸まると、カマキリの傍《かたわ》らでうとうと眠ってしまった。

目が覚めると辺りは西日で朱く染まっており、もう夕方になっていた。

固い石の上で寝たせいか、全身が酷く怠《だる》くて、起き上がるのも億劫《おっくう》である。

その時、目の端にカマキリが映った。ぴくぴくと痙攣《けいれん》して、今にも息絶えそうだ。

何事かと飛び起きると、さっきまで元気にしていたはずのカマキリは、ベンチの上で今にも死にそうになっていた。

身体のどこかが潰れたり、傷ついた跡はないので、他の動物にやられたわけではなさそうだが、まるで寿命が訪れたかのように弱っていき、固唾《かたづ》を呑んで見守る宇野さんの前で、最後に苦しそうにカマを二、三度振ると、脚を縮こまらせて動かなくなった。

すると今度は、カマキリの臀部《でんぶ》がモゾモゾと動いた。宿主が死んだので、腹の中に寄生していたハリガネムシが、長いひじきのような身体を捩《よじ》らせて這い出てきたのだ。

ところが、このハリガネムシもまた、しばらくベンチの上でのたうち回ると、やがて細い体を渦のように丸めて死んでしまった。

「まるで、小さな生き物の命が吸われていくようでした。不思議だったけど、もしかして……と思いついて、翌日、今度は別の虫をベンチに載せてみたんです。すると、小さい虫ほどすぐに死んでしまうのがわかりました」

宇野さんは、面白く思うと同時に、なんだか恐ろしくもなった。

——このベンチは、生き物の命を吸っている。

ベンチへ虫を載せて夢中で実験していたのだが、ふと背後に気配を感じて振り返ると、庭に立った家主の老人が、自分のほうを咎《とが》めるように見つめていたので、なんだか怖くなってその場を走りさった。

父親にはこっそりと伝えたが、「あの人はな、今じゃこの辺り一番の名士だよ。父さんも色々世話になってるんだから、つまらないことを言うな」と叱られてしまった。

とはいえ、一度気になったことは確かめずにはいられない。

義母は宇野さんに無関心なので、帰りが遅くても怒られない。父親が仕事から戻るまでベンチを見張ろうと思い、宇野さんはそれから三日間、夕方から夜八時までの間、ベンチの通り向かいにある、使われていない物置の中に潜み、こっそりと観察を続けた。

やはり、座った人たちは、全員怠そうにして立ち上がる。もう一度急な坂を上る面倒くささに紛《まぎ》れて気づかないのかもしれないが、あれはきっと命を吸われているからだ。

三日目の夜、そろそろ家に帰ろうとした時、玄関口から家主の老人がそっと出てきて、辺りを窺《うかが》った後、しゃがみ込んでベンチの下にある床石に手を伸ばした。

すぐに外れる仕組みなのだろう、老人の力でも床石がすっと持ち上がる。その下は穴になっているようで、手を入れると、中から小ぶりな箱が出てきた。老人は蓋《ふた》を開けて中を覗《のぞ》くと、小声で「あと少しだな……」と呟《つぶや》いた。そして、再び箱を穴へしまうと、床石で隠して、家の中へ戻って行った。

宇野さんは急いで物置から滑り出ると、ベンチの下から先ほどの箱を取り出してみる。それは大人の手に載るくらいの小さな石の箱で、おそらくベンチと同じ素材で造られているようだ。箱の表面は磨かれてツルツルと滑らかで、模様などはまったくない。

そっと蓋を持ち上げると、中には赤い布が敷かれており、その上には、これまで見たことのないような、白くキラキラと輝く、ビー玉くらいの石があった。

「真珠や白蝶貝《しろちょうがい》に近いけど、光の加減で輝くんじゃなくて、石自体がぼうっと光る感じなんです。見る角度を変えると、表面がいろんな色に変わって、本当に綺麗でした」

あまりの美しさにしばらく見惚《みと》れていると、背後から低い声がした。

「坊主が来ると思ったよ。綺麗だろう。命の結晶だからな」

振り向くと、薄笑いを浮かべながら、宇野さんを見下ろす老人の姿があった。

「日本のあちこちに、殺生石《せっしょうせき》と呼ばれるものがあってな。近寄るだけで獣は命を落とすと言われている。もちろんそんなのは嘘で、地下から出るガスで死ぬだけだ。でもな、たまには本物もある。そういう特別な石で、これは作られているんだよ」

セッショーセキ……？

よくわからないが、どうやら石が命を吸っていることは確かなようだ。

「なんでこんなことするの。お爺ちゃんはみんなの命で、自分の病気を治したいの？」

宇野さんがそう尋ねると、老人はカラカラと笑った。

「命を奪うだけで、与えてはくれんよ。でも、奪った命で、こんな美しい物が出来る。それはまだ小さいが、もっと大きくなるとな、あの世が映るようになるんだよ」

老人はそう言った後、「誰にも言うなよ。お前の親父が酷い目に遭うぞ」とドスの利いた声を出して、宇野さんの頭をぐりぐりと撫でた。

箱を返そうと蓋を閉める時、内側に御札のようなものが貼られているのに気づいた。そこには赤い字で、「ひと生き尽いてください」と書かれていた。

老人は、宇野さんが中学生の頃亡くなり、ベンチは不動産屋が持ち去って行った。

そして今では、荒れ果てた空き家が残されているだけだという。

事故現場

九州の飲み屋で知り合った純次さんは、六十代半ばで引退するまで、三十年以上も警備の仕事を続けた大ベテランである。

深夜警備中の恐怖譚《たん》などあるかと思いきや、

「俺はそういうの興味ないね。お化けなんか気にしても仕方ない。なんかあったときに冷静でいて、気を抜かねえこと。おっかなくて危ねえのは、いつも人間だから」

そう笑いながら焼酎をあおった。

ならば、人間の怖い話は……と聞いたら、教えてくれたのがこれである。

一九九〇年代後半、バブル崩壊の余波で不況が続き、不良債権やリストラという言葉が世に蔓延《まんえん》しはじめた時期のこと。

当時、純次さんは建築関係の会社で深夜の警備をしていた。

バブル崩壊後は特に建築業界の景気が厳しかったが、数年前に亡くなった創業社長が手堅く商売をやっていたおかげで、バブルがはじけて周囲が次々と倒産する中、この会社はしっかりと黒字を出していた。

跡を継いだ二代目の社長は少々頼りないと不評らしいが、先代は金儲けだけではない人徳があったようで、細やかな気配りを忘れない性格で社内外からの信頼も厚く、これぞ商売人の鑑《かがみ》と称えられる傑物だったそうである。

とかくワンマンになりがちな創業社長が、没後も社員から慕《した》われることは滅多にない。それを聞くだけでも、先代の人柄が偲《しの》ばれるというものだ。

「給料の支払いも良くってな。いい会社だったと今でも思ってるよ。ただ勤めて最初の年末に、総務部長から変な仕事を頼まれたんだ」

普段警備をしている正面玄関や深夜の巡回は、別の警備員に頼むからしなくていい。年末年始の一週間、夕方十八時から翌朝の六時までの間、旧駐車場を見回ってほしい、という依頼であった。

本社から通りを隔てた場所にある旧駐車場は、社屋から離れているためあまり使用されておらず、地上部分は廃材置き場、地下は自動車通勤の数名が使用するだけであった。

ましてや年末年始の休業中に、地下駐車場を使用する者などいるはずもないのだが、建築業という仕事柄、休日返上で働く者もいるので、駐車場を閉めるわけにいかない。

無人に近い地下駐車場は治安上の問題があるので、申し訳ないが一晩中警備にあたってほしい。特別手当はきちんと出す。そんな仕事を、総務部長から直々に頼まれた。だが、無人に近いのは本社にある新設の駐車場も同じである。にもかかわらず、そちらの警備は不要なので、とにかく旧駐車場のほうを頼むと言われた。

いまひとつ釈然《しゃくぜん》としなかったが、昨年妻に先立たれた独り身なので、寝正月を過ごすよりも、仕事をしたほうが気晴らしになる。そう思って、純次さんは仕事を引き受けた。

おそらく、柄の悪い奴らがたむろしたり、面倒なホームレスが居着いたりするので、トラブルを表沙汰にせず、ベテランの自分にうまく対処してほしい、そんなところだろうと勝手に決めつけ、まかせておけ、と意気込んで臨んだものの、いざ初日を迎えてみると、トラブルどころか車も人もまったくいなかった。

三十数台車を停められる広さはあるが、それでも端から端まで十分に見渡せる。車がないので、障害物といえば柱しかない。入口にある守衛用の小部屋に座って、人の出入りがないか見守りつつ、一時間に一回、上の資材置き場を確認する退屈な警備であった。

ところが、初日が終わろうという頃、朝の六時前だというのに総務部長から電話があり、何も問題はないか、事故は起きなかったかと確認された。

問題ないと答えると、「もし事故があった場合は、君の判断で冷静に対処してほしい」と意味深な言い方をされた。

「はい！　とは答えたけど、事故が起こると思っている口調が、どうにも気味悪くてな。思えばそのあたりから、すでに変な感じだったな」と純次さんは苦笑いしながら話す。

結局、何事もないまま新年を迎え、相変わらず車一台来ない地下駐車場の守衛室で、ラジオを聴きながらぽつんと座っていた六日目の夜のこと。

六日間誰も来ないので、さすがに気が緩《ゆる》み、純次さんはついうたた寝をしてしまった。目が覚めたのは、キキキーーッというブレーキ音と、ドンッという衝撃音が、間近で聞こえたからである。

飛び起きた純次さんは、突然の惨状に我が目を疑った。

地上につながる出入口の傍《そば》には、ヘッドを回転させた乗用車が停止している。急ブレーキを踏んだからだろう、ひと目でわかるブレーキ痕《こん》が地面に付いていた。

そして、少し離れた場所にはコート姿の女性が倒れていた。

水色のコートには、真っ赤な染みが広がっており、何が起きたかは一目瞭然《りょうぜん》だ。

純次さんが守衛室を飛び出すと、車からも運転手の中年男性が転げ出てきた。

普段の警備では見かけないが、仕立ての良いダブルのスーツを着ており、車も高級車なのを考えると、おそらく重役クラスと思われる。

年の頃は五十歳前後、おそらく自分と大差ない年齢だろう。髪は薄めだが整髪料できっちりセットされており、見るからに仕事の出来る風情である。

だがそんな男性も今は激しく狼狽《ろうばい》しており、倒れた女性に駆け寄ると、揺すりながら「大丈夫か！　き、きみ、大丈夫かっ！」と上擦《うわず》った声で叫んでいる。

「動かしては駄目です！」と言いながら純次さんも側に走り寄ったが、ひと目見てもう助からないのがわかった。

「跳ねられた勢いで激突したんだろうね、すぐ近くの柱は血の跡がべったりで、救急処置をしようと覗《のぞ》き込んだら、女性の頸《くび》は完全に折れていた。根元からへの字に曲がってたからね、こりゃ死んでるとすぐにわかったよ。三十代くらいの女性に見えたな。顔が潰れてなければ美人だったかもしれない。だけど床にはどんどん血が広がってくるし、仏さんには気の毒だけど、こっちは吐き気を我慢するのが精一杯だったよ」

それでも念のため、瞳孔《どうこう》や呼吸、脈拍を素早く確認したが、やはり見立て通り亡くなっているのは間違いない。

救急車と警察を呼ぼうと思って立ち上がると、何かを察したのか、男性が純次さんの腕をぐっと掴《つか》み、「警察に連絡するのは少し待ってくれ！」と強い口調で言ってきた。

「この人がもう助からないのは、素人の私にもわかる。一刻を争う状況ではないだろう。だから頼む、ちょっと待ってくれ」

そう言いながら、純次さんの両腕をしがみ付くように押さえて必死に訴えてくる。

男性が言うには、駐車場に停めようと地下に降りたが、出入り口の坂が急傾斜なうえにカーブしているので、守衛室の角から突然飛び出してきた女性を避けることができず轢《ひ》いてしまったという。

会社は休みだし、こんな遅い時間に人が居ると思わなかったので、徐行せずに入ってきてしまったから、思いきり跳ねてしまった。女性には申し訳ないが、これは本当に不可抗力だ。

もちろん、そのことは警察にもきちんと言うつもりだが、実は仕事の付き合いで少し酒が入ってしまっている。これでは不慮《ふりょ》の事故が、飲酒運転の殺人になってしまう。

頼むから、酒が抜けるまでの数時間、通報しないでここで待ってもらえないか。

でもそうしたら、なぜ通報が遅れたんだと警察に問い詰められて、君に迷惑がかかるかもしれない。だから、いっそのこと別の場所で事故を起こしたことにしようと思う。手伝ってくれたら、女性をトランクに積んで別の場所へ運ぶことにするよ。なに、警察には必ず私から連絡する。うん、それが一番いいかもしれない。だから、な、頼む、酒が抜ける間だけ見逃してくれ。

そんなことを、必死の形相で純次さん相手にまくし立てたという。

純次さんが、「そんなこと許されるわけないでしょう。落ち着いてください。不可抗力なら警察もわかってくれるはずです。とにかく通報しましょう」と冷静に説得しても、男性は純次さんに縋《すが》り付いて、「頼む、頼む」の一点張り。

揉《も》み合いながら押し問答を繰り返したところで、突然、男性の口調が変わった。

はっきり言おう。君はわかっていないが、私は会社でも非常に立場のある人間だ。会社は今とても難しく大事な時期でね。警備員の君にだってそんなことわかるだろう。今、私が飲酒運転で逮捕されれば、文字通り会社は傾いて倒産だよ。千人近い従業員や関係者が、職や仕事を失うことになる。

何も君に協力しろと言っているわけじゃない。少しの間、見逃してほしいだけだ。女性は可哀想だがもう助からない。今大切なことは、君も含めた我が社員の生活を守ることだ。頼む、わかってほしい。


そんなことを話しながら、男性は懐からおもむろに厚みのある長財布を取り出した。男性は財布に入っている万札をすべて引き抜くと、

「たぶん四、五十万はある。今はこれしか手持ちがないが、会社を守ることができれば、後日きちんとした謝礼をするつもりだ」

と言って、純次さんの手元に札束を押し込んできた。

男性の目からは焦《あせ》りが消え、人に命令をしてきた人間特有の威圧的な光が宿っている。

純次さんは、「一瞬、説得されかけちゃったよ」と苦笑いしていたが、それでもきっぱりと申し出を断ったという。

「だって、トランクに積んで別の場所に移すとか、明らかにおかしいでしょ。その後で自首なんてするわけがない。俺に口止め料を握らせて、このまま揉み消すつもりなんだ

ろうなと思ったら、ふざけやがって！　と腹が立ってきてな」

男性を振りほどくと、制止も聞かず携帯から一一〇番をしたという。

ところが、警察が出るはずの電話は、呼び出し音のままつながらなかった。

五秒、十秒、三十秒と待っても、受話器の向こうから声が聞こえてこない。

その間男性は何も言わず、表情の消えた顔で、静かに純次さんを見つめていた。

とにかくもう一度かけ直そうと思った時、足元に倒れている女性の亡骸が、むくり、と起き上がった。もちろん、首は直角に折れたままである。

そして血塗れの女性は、ぐはははははは、ぐははははは、とくぐもった声で大笑いしながら、純次さんのすぐ近くに顔を寄せてきた。

今回は、あたしの勝ちだわあ。ぐはははは。

勝ちだわあ。ぐはははは。

唖然《あぜん》として硬直する純次さんを尻目に、女性はくるりと踵《きびす》を返した。

そして、あたしの勝ちだわあ、勝ちだわあ、と大声で笑いながら、頸の折れた血塗れの姿で、スタスタと歩いて地上出口へ消えて行く。

すると中年男性も悔しそうな声を出して、「くっそお、今回は負けたかあ」と言って、負けたかあ、負けたかあ、と言いながら、こちらもサッと車に乗り込むや、滑るように発車させて、そのまま出口へ消えて行った。

純次さんは仰天したまま、その間、何一つ反応できなかった。

我に返って周囲を見渡すと、血の跡もブレーキ痕も何もなく、先ほどまでと何も変わりのない、空っぽの駐車場に戻っていたという。

純次さんはすぐに総務部長に電話をして、今起きたことをありのままに報告すると、まるでわかっていたかのように落ち着いた声で、「ご苦労様です。今回の警備の仕事はこれで終わりです。七日目は出勤の必要はありません」と言って電話を切られた。

休み明けに出社して総務部長に会うと、あれこれ質問しようとする純次さんを遮《さえぎ》り、「他言無用でお願いします」とだけ言って、相当な額の特別手当を現金で渡された。

話し終えた純次さんに、「えっ、それで終わりですか」と私が聞くと、「そうだよ」とあっさり言われてしまった。

聞けば、その会社の警備は給料も良かったのでその後も数年続けたという。ただ、旧駐車場の警備の仕事は二度と回ってこなかった。

わかっているのは、毎年、新しく勤めた独り身の警備員が同じ仕事を割り当てられていたこと、たいていは年が明けると皆すぐに退職してしまったことだけである。

「あれは、毎年やってる賭けなんだろうね。俺はそう思ってるよ。男を見逃す奴もいるだろうし、俺みたいにそうじゃない奴もいる。何回決着がつけば終わるのかはわからないけど、今だって延々と続いているかもしれない」

「ただね、あれが始まったきっかけは、なんとなく想像がつくんだ」

純次さんは、その出来事からしばらくして、あの中年男性とそっくりの写真を会社のエントランスで見かけた。それは、亡くなった創業社長の若い頃の写真であった。

先代の社長は車が大好きだったのに、ある時からパタッと運転をやめたらしい。

「やっぱり、おっかないのは人間だよ。そして、いざという時は冷静じゃないとな」

そう言うと純次さんは、強い焼酎をグイッとあおいだ。

逃げ回る男

「今、嫁さんから逃げてるんだ」

そう連絡してきたのは、月岡さんという古い知り合いの男性。

突然電話をかけてくると、「困っているから助けてほしい」と懇願《こんがん》された。

「逃げている最中なので、詳細は車の中で伝えさせてくれ」

彼はそう言って電話切ると、十分もしないうちに、家の近くへ車でやって来た。

私が車に近づくと、助手席の扉を開け、身を乗り出して辺りを怯《おび》えたように見渡し、

「おい、早く乗ってくれ!」と焦《あせ》った口調でまくし立てる。

私が助手席へ座ると、すぐに車を発進させ、「聞いてくれ」と語りはじめた。


月岡さん夫婦は、数か月前、家賃の安いアパートへ引っ越した。

長年勤めた会社の業績が悪化し、債務整理に伴う解雇の憂《う》き目に遭った月岡さんは、管理職まで勤めていたのに再就職もままならず、家計の不安から出来るだけ家賃の安いアパートを探した結果、この物件を見つけた。

不動産屋には、はっきりと「事故物件」と紹介された部屋である。

以前住んでいた一人暮らしの中年女性が、押し入れの中で、カッターで首をかき切って自殺している。詳細は不明だが、どうやら痴情のもつれであったらしい。

気味は悪いが、困窮《こんきゅう》した現状では少しでも安いほうがありがたく即決で入居した。

だが、月岡さんはすぐに後悔することになった。

住みはじめて間もなく、妻の様子がおかしくなってきたのだ。

引っ越して一週間ほど経った朝、目覚めると布団に妻の姿がなかった。

呼んでも返事がないので、部屋の中を見回すと、押し入れの襖《ふすま》が少し開いている。

中を覗《のぞ》くと、狭い押し入れの中で、妻が苦しそうにうなされながら眠っていた。

こんなことが、毎朝続くようになった。

妻に話を聞くと、夢の中で、押し入れの隙間から、異様に長い女の腕がするすると伸びてきて、寝ている自分の足を掴《つか》むと、押し入れの中へと引きずり込んでゆく。

そして、押し入れの暗闇の中で、「あんたの幸せ、私にちょうだい」と、ずうっと女の囁《ささや》き声が聞こえ続け、朝になると、本当に押し入れの中で眠っているのだという。

異変は、それだけでは済まなかった。

ある朝、押し入れで寝ていた妻が突然這い出てくると、目を瞑《つむ》ったまま立ち上がり、感情のない機械音のような口調で、「八時四十七分、頭を柱に打ち付ける」と時報を告げるように大声を上げ、目を閉じたまま真っすぐ部屋の柱へ近づくと、突然、ガンガンと自分の頭を打ち付けはじめた。

痛みからか、しばらくして正気に返ったものの、本人は自分が何をしていたのかまったく覚えていないという。

それ以来、同じような出来事が頻繁《ひんぱん》に起こるようになった。

「七時三十二分、顔に痣《あざ》が出来る」と言って、自分の顔を思い切り殴ったこともある。

「六時五十四分、棒で殴る」と言って、麺棒を月岡さんの肩に叩きつけたこともある。

そんなことが続くうち、次第に何かにとり憑《つ》かれたように人格まで変わってしまい、まともな会話がほとんど出来なくなった。

一度精神科へ連れて行ったが、医師の前ではいたって普通に振る舞うので、妻の怪我だらけの身体を見た医師からは、露骨に月岡さんのＤＶを疑われてしまい、二度目以降の通院は諦めざるを得なかった。

引っ越して三か月も経つ頃には、妻は完全におかしくなってしまい、一日中ぶつぶつ何かを呟《つぶや》きながらボーっとしているのだが、時々、月岡さんのほうをじっと見つめて、「アンタ、いい男ねえ」と言って、ニヤーっと笑いかけてきたりする。

この先どうすればいいのか、すっかり頭を抱えていたある朝、妻はいつものように押し入れから這い出てくると、「八時二十七分、私とあなたは、永遠に添い遂げる」と大声で叫び、キッチンから包丁を取り出すと、嬉しそうな笑顔を浮かべて、月岡さんへ向かって近づいてきた。

身の危険を感じた月岡さんは、妻を思い切り部屋の隅へ突き飛ばすと、近くにあった財布と車のキーを掴《つか》んで家を飛び出し、それからは車で寝泊まりしながらあちこち移動して逃げ回り、もう何日も家へ帰っていないのだという。

話を終えた月岡さんは、「あいつは死んだ女にとり憑かれてしまった。追いかけてこられないほど遠くまで逃げるから、悪いけど金を貸して欲しい」と頭を下げてきた。

なるほど、助けてくれとは金策の話だったかと数万円を彼に渡しつつも、心の中で、「もう手遅れだから、貸した金は還ってこないだろうな……」と思っていた。

月岡さんの車には、最初からずうっと、後部座席に女が座っていた。

彼はまるで女が居ないかのように話すのだが、その間も後部座席からは、小さな声で「私とあなたは、永遠に添い遂げる」という呟きが聞こえてくる。

恐るおそる横目で後ろを観察すると、明らかに生身の人間で、幽霊の類にはまったく見えないので、これがきっと彼の妻なのだろう。

とり憑かれているのは妻だけじゃない。この状況を理解していない月岡さんもまた、完全にやられてしまっている、そう彼に教えてあげたかった。

でも後ろの女は、私が何か余計なことを言いそうになると、手に持ったカッターの刃を、カチカチ、カチカチと、脅《おど》すように鳴らしてくるので、その度に私は怖くて何も言えなくなってしまい、お金を渡すと、逃げるように車から降りてしまった。

私には、月岡さんに真実を伝えられなかった負い目があるので、その後彼がどうなったのかは、あまり話したくない。

そんなわけで、あの夜からひと月ほど経ち、彼がどのような状態で発見されたのかは、読者の想像におまかせしようと思う。

しもべより

二十歳の誕生日　おめでとうございます
主よ　ご帰還ください
あなたのしもべより

千枝さんが二十歳を迎えてから数日後、こんな誕生日カードが郵送されてきた。オルゴール付きの立派なカードで、開くとハッピーバースデーの曲が流れる。

ただ、封筒に書かれた送り主の名前は、まったく知らない男性であった。

恋人はいないし、そうした関係になりそうな相手もいない。通っている大学や、バイト先の飲食店を思い浮かべたが、やはり同じ名前の人物には心当たりがなかった。

送り主の住所は、初めて見聞きする場所で、一度も行ったことがないのは確かである。

郵便局の消印からしても、そこから投函されたのは間違いないが、親類縁者を含めて、誰か知り合いが住んでいるわけでもない。

気になってインターネットで検索してみたが、人口が千人にも満たない、辺鄙《へんぴ》な場所にある小さな村であること以外、特に何もわからなかった。

恐らく宛先を間違えたのだろうが、誰かが心を込めたお祝いのカードなので、捨ててしまうのも忍びない。仕方なく、「人違いだと思います」とひと言添えたメモを同封し、封筒に記載された送り主の元へ返送した。

ところが数日して、その封筒が「宛先人不明」として千枝さんの手元へ戻ってきてしまった。宛先の住所には、この人物は住んでいない、ということらしい。改めて調べてみると、住所自体は存在するので、おそらく宛名が偽名なのだろう。

千枝さんは、大人しい性格で、人との衝突や争いごとを避けるので、誰かとトラブルになっていることはないはずだ。こんな手の込んだ悪戯《いたずら》をされる覚えはない。

気味悪く思っていると、再び同じ相手から手紙が届いた。封筒の中には便箋《びんせん》が入っており、「ご安心ください　主はあなたです　しもべより」と書かれていた。

返送したカードは先方へ届いていないはずなのに、人違いだと思って送り返したことを、まるで見透かしたかのような内容である。

大学が夏休み中だった千枝さんは、週の半分は飲食店でバイトをしており、先月から新しく入ってきた淑子《としこ》さんとは、シフトが重なることが多かったので、一緒に働くうちに連絡先を交換するほど仲良くなっていた。

淑子さんはオカルトやスピリチュアルな話が大好きだったので、例のカードを見せて話を聞かせると、「それヤバいですね！」と前のめりで食いついてきた。

千枝さんは、ちょっと怖かったエピソードとして話題にしただけなのだが、淑子さんに火がついてしまったようで、「先輩、この村には一回行ってみたほうがいいですよ！」とすっかり盛り上がってしまった。

「やめてよ、謎の手紙が送られてきた村なんかに行くの怖いじゃない」と嫌がっても、「大丈夫です！　私が一緒に付いて行ってあげます！　ていうか本当に行きましょう！」と、淑子さんは俄然《がぜん》行く気になっている。

とはいえ、さすがにその場の勢いだろうと思っていたのだが、翌日バイトで一緒になると、「例の村、泊まれる所ありました！　今度休み重なるから一緒に行きましょう！」とやる気満々で調べてきた。

家族や友人と旅行へ行く、ということを実は一度もしたことがなかった千枝さんは、一緒に泊まりで出かけるのも楽しいかな……という気分になってしまい、結局、オカルト好きの淑子さんに押し切られる形で、二泊三日でその村へ行くことになった。

宿の手配から行き方を調べるところまで、すべて淑子さんがやってくれたので、いざ当日になって現地へ向かうと、千枝さんはその遠さに改めて驚かされた。

朝早く家を出たのに、現地に着いた時には、もう十五時を回っている。

まずは、淑子さんが手配してくれた民宿に荷物を預けてから、村にある古い寺や神社、遺跡などを巡って、何か手がかりがないか調べてみようということになった。

民宿では、とても感じの良い、端整な顔立ちのおかみさんが迎え出てくれた。

僻地《へきち》の村で出逢うには予想外の美人だったので、「とってもお綺麗ですね！」と思わず千枝さんが褒《ほ》めると、「やめてよ、もう三十代後半のおばさんです」と笑われたが、機嫌を良くしたのか、近所を見て回るなら……と自転車を貸してくれた。

二人は自転車に乗ると、淑子さんが事前に調べた、地元の歴史ありそうな場所を順番に回って行った。千枝さんは旅行気分で楽しく巡っていたのだが、次第に淑子さんの様子が不満そうに変わってきた。

「おかしいな。現地のスピリチュアルスポットに先輩と行けば、絶対何か起こると思ったんだけどなぁ」と口を尖らせている。

運よく自転車を借りられたおかげで、スムーズに見て回ることが出来たので、日が暮れて民宿へ戻った時には、翌日行こうと思っていた場所もすべて訪れてしまった。

友人と旅に来たかっただけの千枝さんは十分満足していたが、淑子さんのほうは肩透かしをくらったようで、宿の部屋でひと息つく頃には気が削《そ》げた表情になっていた。

「もう怪しそうな場所には全部行きましたよ。やっぱり簡単には無理かあ……。海が近くにあるみたいだし、明日は普通に観光しますか」とすっかり諦めた様子である。

やがて晩御飯の時刻になったので、一階のリビングまで降りると、テーブルの上にはおかみさんの美味しそうな手料理が所狭しと並んでいる。

あまりの量に千枝さんが驚くと、「ちょっと張り切り過ぎちゃったかな」とおかみさんは可愛らしい仕草ではにかんだ。

食事をしながら話を聞くと、一緒に民宿をやっていた旦那さんが数年前に亡くなり、今では女手ひとつで切り盛りしているという。今日は平日なので客は二人だけだが、海が近くにあるので、休日は釣り客が結構訪れるらしい。

会話の流れで、それとなく例の手紙を見せてみたが、住所はこの辺りだが、数少ない住人なので名前は全部知っている、こんな名前の人はいない、と言われてしまった。

料理は大変美味しく、安く泊まった民宿とは思えないほど、新鮮な魚料理や、地元の山菜などを振る舞われた。

もう満腹という頃、「これは地元の珍しいキノコ入りなんだけど、お口に合うかしら」と言いながら、最後にみそ汁を出してくれた。

ところが、これまでの料理はすべて美味しかったのに、みそ汁だけはなんとも言えない不味《まず》さがある。キノコが良くないのか、饐《す》えたにおいが湯気と共に漂《ただよ》っている。

「すっごく身体にいいの。高級食材だけど、若いお客さんは珍しいから奮発しちゃった」とおかみさんは嬉しそうに笑顔で勧めてくるのだが、千枝さんには、このキノコらしきぶよぶよとした塊がどうしても飲み込めない。

横にいる淑子さんは、「本当だ、美味しい！」と言いながら、一気にみそ汁を飲み干しているので、どうも自分の口に合わないだけのようだし、せっかくの親切に応えたくもあるのだが、息を止めて半分ほど飲んだところで限界がきてしまった。

「ごめんなさい、私はちょっとこのキノコ苦手かもしれません」と謝りつつ食べるのをやめ、残念そうなおかみさんへ頭を下げると、そのまま夕食を終えることにした。

食後に風呂へ入って汗を流し、二階の客間で布団に横たわると、一日の疲れがどっと出てきて、「今夜は朝まで恋バナしようねっ！」と話しかけてくる淑子さんの声も遠くなり、そのまま眠りについてしまった。


夢の中で、千枝さんは冷たい石造りの椅子に座っていた。

立ち上がろうとしても、椅子に貼り付けられたように身動きがとれない。

周囲は先が見渡せないほど真っ暗で、自分の座っている場所だけが、スポットライトで照らされたように、ほんのりと明るくなっている。

ここはどこなんだろう、とぼんやり思っていると、やがて取り囲む暗闇の向こうから、ルルルルルル……ルルルルルル……ルルルルルル……と女の歌声が聴こえてきた。

ひとつ、ふたつ、みっつ、声はどんどん増えて重なっていく。

暗闇の向こうには、姿の見えないたくさんの女たちがいるようで、彼女たちが一斉にハミングをはじめると、小さな鼻歌は、空気を震わすほどの大合唱へと変わっていった。

無数の歌声に囲まれるにつれ、ただでさえぼうっとしている千枝さんの頭の中は靄《もや》がかかったようになり、ますます何も考えられなくなっていく。

薄れる思考の中で、なんだか賛美歌みたいだな、と思っていると。

闇の向こうで、何か大きな物が蠢《うごめ》く気配がした。

気づくといつの間にか、自分の目の前に、薄明かりに照らされた細い道が続いている。

その道の先で、大きな赤黒い肉の塊のようなモノが、痙攣《けいれん》するみたいにぶるぶると身を震わせていた。

靄のかかった頭でも、それがとても恐ろしいモノであるのがわかる。

助けて——。そう思った瞬間、肉の塊はひときわ大きくブルブルッと震えた。

そして、ベチョ、ベチョ、ベチョ、と音立てながら、目の前の道を進みはじめた。

厭《いや》だ、怖いよ、こっちに来ないで——。

必死に身を捩《よじ》るものの、椅子に貼り付いた身体は、指ひとつ動かせない。

歌声が大きく盛り上がるにつれ、力を増すかのように肉塊はさらに激しく蠢いて、照らされた道の向こうから、自分へ向かって突き進んでくる。

もう、道の半分まで来ている。このままでは、じきに自分の所へ辿《たど》り着いてしまう。

恐怖のあまり思わず目を瞑《つむ》ると、心の中で、誰か助けて……と必死に祈り続けた。

目が覚めると朝になっており、全身汗びっしょりになっていた。

先に起きていた淑子さんが、「一晩中もの凄くうなされたけど、大丈夫……?」と心配そうな顔を向けてくる。

千枝さんが「怖い夢を見た」と言うと、「お水を持ってきてあげるね」と淑子さんは部屋を出て下の階へと降りて行った。

夢なのはわかっているが、あまりに生々しい感覚で、賛美歌のような歌声は、今も耳の奥に響いているかのようだ。

よく寝たはずなのに身体は怠《だる》く、ぐったりと布団から身を起こすと、ふと、目の前にある襖《ふすま》が目に入った。

隣室は別の客間だが、自分たちしか宿泊していないので今は空室のはずである。

それなのに、仕切りの襖が少し開いており、その隙間から誰かがこちらを覗《のぞ》いている。

あっ、おかみさんか、と気づいた途端、襖はパタンと閉じられた。

まさかとは思うが、ずっと自分の様子を窺《うかが》っていたのだとしたら気持ち悪い。

ただ、朝食でリビングに降りると、おかみさんは「おはよう! よく寝られた?」と何事もなかったように明るく笑顔を向けてくるので、たぶんうなされていた自分を心配してくれたのだろうと、先ほどのことはあまり深く考えないことにした。

さて、今日はどこへ行こうかということになったが、手紙の真相を探る気力が失せた様子の淑子さんは、「先輩、今日は海まで行ってフェリーに乗りましょう」とすっかり観光気分に切り替わっている。

千枝さんが、「せっかく来たんだから、地元の人に話を聞いてみない?」と提案しても、「小さな村だと思ったのに、人が少ないぶん家と家の間がすっごく遠くて、あとは森と林ばっかりじゃないですか。誰の所へ行けばいいかもわからないし、素人に探偵ごっこは無理ですよ。先輩には悪いけど、私は今日はパスします」と言われてしまった。

自分が来たがったクセに……と腹は立ったが、淑子さんの意見はもっともだ。千枝さんだって、どこで何を聞けばいいのかまったく見当がつかない。

それでもあと少し調べてみようという気になったのは、昨晩の夢がまだ鮮明な記憶に刻まれていて、このままにはしておけない不安が込み上げてきたからだ。

嫌がる淑子さんに無理強いは出来ないので、その日は別行動をすることにした。

「えぇーっ。海で遊びましょうよ、先輩、本気ですか?」と呆れる淑子さんを宿に残し、再び自転車を借りると、村の人に話を聞くために出発した。

とはいえ、いざ見知らぬ人に声をかけるのは、気後れして難しい。自転車を走らせていると、道行く人を何人か見かけたが、どうしても話しかけられなかった。

ためらいながら、うろうろと行き来していると、地元の人の目には相当不審に映ったのだろう、「おい、あんたさっきから何してんの？」と、年配の男性に呼び止められた。

実は人を探していて……と手紙を見せると、男性は「確かにこの辺りから出した手紙だけど、こんな名前の奴は知らんなあ」と首を傾《かし》げる。

この機会を逃してはいけないと思った千枝さんは、他に何人か紹介してもらえないかと懸命にお願いしたところ、よほど困っているように見えたのか、男性は渋々承諾して、何軒か近所へ連れて行ってくれたが、やはり送り主を知っている人は誰もいなかった。

来客が珍しいのか、訪れる度にお茶とお菓子で歓待されるので、どの家でもつい長居してしまい、同行してくれた年配の男性へお礼を言って別れた頃には、特に収穫もないまま、もう夕方になってしまっていた。

これ以上、調べる気にもなれない。やはり淑子さんと、海へ行けば良かった。

宿へ戻ろうと思ったが、昨日、道の途中に酒屋があったことを思い出して、海へ付き合わなかったお詫びに、淑子さんの大好きなビールを買っていくことにした。

寂《さび》れた商店街の並びにある小さな酒屋へ入ると、退屈そうに店番をしていた女性が顔を上げ、「あら、淑子ちゃんの所のお客さん?」と声をかけてきた。

千枝さんが戸惑っていると、「ごめんなさい、昨日、淑子ちゃんと一緒に居るところを見かけたもんだから。あそこに泊まってるんでしょ」と、女性はにっこり微笑《ほほえ》んだ。

驚いた千枝さんが、「淑子のこと、知ってるんですか?」と訊くと、今度は女性のほうが当惑した顔になり、「そりゃあねえ……この村の子だから」と言う。

そして、千枝さんの表情から何も知らないことを悟ったのだろう、

「久しぶりに淑子ちゃんを見かけたら、地元じゃない子と一緒に居るもんだから、てっきり東京のお友達と里帰りして、お母さんの民宿に泊まってるんだろうと思ったのよ。変なこと言っちゃったかしら、ごめんね」と困り顔で謝られた。

ますます驚いた千枝さんが、「淑子さんはこの村の出身で、あの民宿のおかみさんは、淑子ちゃんのお母さんなんですか?」と訊くと、「そうよ」と女性が答えるので、そのまま詳しい話を聞かせてもらうことにした。

彼女の話によれば、ちょうど二十年前、お腹の大きな女性が突然村にやって来た。

当時民宿を営んでいた男性の親族だったようで、彼の話によると、子どもの父親は訳ありの相手で、実家では安心して産むことが出来ないので、親戚筋から頼まれて、出産

までの間、自分の所で預かることになったのだという。

女性はそのまま出産すると、村から出て行くこともなく、民宿を手伝いながら子育てをするようになった。

閉鎖的な村なので、よそ者には警戒心が強い。ましてや父親が誰かを決して口にしないので、最初の数年は誰とも打ち解けることなく過ごしていたが、やがて民宿の主人と籍を入れて本格的に村へ腰を落ち着けることになり、近所の年寄りたちが娘の淑子さんを孫のように可愛がりはじめると、次第に女性も地元の人間として馴染んでいった。

五年前に夫が亡くなってからは、独りで民宿を切り盛りして頑張っており、淑子さんも高校生までは母親を手伝っていたが、卒業後は東京の専門学校へ行ってしまった。

未だに淑子さんの父親が何者か、村では誰も知らないが、皆の噂では、カルトの新興宗教を家族全員で信仰した結果、十代の姉妹が揃って教祖の子どもを妊娠してしまい、さらに教祖が何か事件を起こしたので、もはや地元に居ることが出来なくなり、姉妹は出産のために、親族を頼って人目につかない田舎まで逃げてきた、ということらしい。

実際のところ、最初に民宿で預かったのは、顔がよく似た姉妹二人だったが、臨月を迎える頃には、いつの間にか姉の姿は消えており、残った妹が淑子さんを出産した。

こんな話を、店番の女性から聞かされた。

宿へ戻ると、「先輩、遅いですよ。置いて行かれた私は、一日だらだら寝てました」と淑子さんが拗《す》ねた口調で話しかけてくる。

おかみさんは、「もうすぐ晩御飯ですからね。今夜もご馳走よ」と笑顔を向けてくる。いたって自然な態度に見えるが、実際はこの二人が親子であるうえに、なぜかわからないが、自分に対しては、親子ではないふりをする。

「ねえ、私もう家に帰りたい」と千枝さんが言うと、「ちょっと、何言ってるんですか。もう東京に帰るバスも電車もないですよ」と淑子さんは呆れ声を出し、そのまま顔を近づけてクンクンと鼻を鳴らすと「うへえ、汗臭いですよ。先にお風呂にしたらどうですか」と、鼻をつまむポーズで茶化してきた。

千枝さんは、「それもそうだね。一日走り回って汗たくさんかいたから」と答えて風呂場へ向かい、脱衣所で服を脱ぐふりをしながら、浴室のシャワーの栓をひねった。

水量を最大にして、シャワーの流れる音が外まで聞こえるようにする。

そして、脱衣所の戸をそっと開けると、隣にあるキッチンの様子を窺った。

しばらくすると、おかみさんと淑子さんの会話が聞こえてくる。

二人はもう、完全に親子の口調になっていた。


「昨日はお母さんが不味いみそ汁作るから食べさせ損ねたんだよ。隣にいる私の所まで、変な臭いがしてきて、これは私でも無理って思ったもん」

「失礼なこと言わないで。あれには神聖な力が宿っているのよ」

「古くなってるんだから、そのまま食べさせようとしたって成功しないって」

「そんなことないわよ。きちんと手順通りに乾燥させたし、腐敗を防ぐために神様の力が宿った聖衣でくるんだ後、ずっと専用の冷凍庫に入れていたんだから」

「そんなこと言ったたって、実際に嫌がって食べなかったでしょ。今夜は私にまかせて。細かくすり潰して、スパイスたっぷりのハンバーグに練り込むから」

「そう？　洋食は得意じゃないから、淑子にまかせようかしら」

「でもあの子羨《うらや》ましいなあ……。私なんて、食べてもなんの効果もなかったのに。寝てる時のうなされ方、あれ絶対にそうだよね」

「一晩中見てたけど間違いないわ。あと少し食べさせれば、きっと成功すると思うの。

そしたら、やっとあの方が還ってくる」

ここまで聞いて、千枝さんは気分が悪くなってきた。

今すぐここから逃げないと、また何かわからないものを食べさせられる。

そうなったら今夜は、うなされるだけでは済まないかもしれない。

シャワーの水を出したまま、こっそりと脱衣所を出て二階へ上がる。

持ってきたバッグに荷物を押し込むと、そうっと階段を下りて行く。

でも、玄関の前には、淑子さんが立っていた。

「あれ、荷物なんか持って、先輩どこへ行くんですか」と冷たい笑顔を浮かべている。

「やっぱり気づいちゃってましたか。でも帰っちゃダメですよ」そう言いながら、料理の途中だったのだろう、右手に持った包丁をグッと千枝さんのほうへ突き出してくる。

包丁を突き付けられたまま、千枝さんは、キッチンへ連れて行かれると、椅子に座るように言われた。キッチンにはおかみさんが立っており、手にしたフライパンからは、ハンバーグの焼けるいい匂いが漂ってきた。

横に立つ淑子さんが、「先輩、なんで気がついたんですか?」と訊くので、昼間酒屋で話を聞いたことを伝えると、「ホラ、あんなに言ったのに、一人で行かせるからっ！」と苛ついた口調でおかみさんが怒鳴った。

「だって、私が一緒に居たら余計にみんな話しかけてくるじゃない。昨日だって、知り合いに会わないような場所ばっかり連れ回すの大変だったんだよ。さすがに飽きたから、今日は何もしないだろうと思ってたのに。この子人見知りだから、絶対に一人じゃ話聞くとか出来ないと思ったんだけどなあ。酒屋のおばちゃんとは、盲点だったわ」

「大事な儀式なんだから、きちんとやってと、あれだけ言ったでしょ！」

「はあ？　お母さんそんなこと言う？　こっそり食べさせるだけなら東京でも簡単に出来るんだよ。魔法陣が床下に敷いてあるこの場所じゃなきゃダメだって言うから、わざわざ苦労して連れてきたんじゃない。仲良くなったのも、手紙書いたのも、一緒に連れてきたのも、全部私がやったんだよ。お母さんなんか、偉そうに命令するだけで、肝心のご飯食べさせるのも失敗してるじゃん」

　そんな親子喧嘩をしながらも、食事の準備は着々と進んでいく。

　やがて、「はい、出来上がり」というおかみさんの声がすると、マッシュポテトやニンジンのソテーも添えられて、美味しそうに皿へ盛られたハンバーグが目の前に現れた。

「今夜は料理失敗しないんだから」と少し得意気に言った後、千枝さんの目を真っ直ぐ見つめながら、「どうぞ、召し上がれ」とおかみさんが優しく微笑んだ。

千枝さんが動けないまま固まっていると、横に立つ淑子さんが包丁の先で肩をつつきながら、「先輩、早く食べてくださいよお」と、意地の悪い顔で笑いかけてきた。

厭で堪《たま》らないが、食べないわけにはいかない。

ナイフとフォークを手に持ち、ハンバーグを少し切って口へ運ぶ。

大量に入れたのだろう、強烈なクミンの香りがするものの、その奥には、あの黴臭《かびくさ》く、饐えたにおいが微妙に感じられる。

思わず、オエッとえずいてしまうと、それまで優しい顔だったおかみさんが急に目を吊り上げて机をドンっと叩き、「さっさと食えよっ！」と怒鳴った。

涙目になりながら、必死にハンバーグを飲み込んでいく。

食べながら、「ねえ、これなんのキノコなの」と震え声で尋ねると、淑子さんはにっこりと微笑みながら答えた。

これはね、お母さんが私を産んだ時の胎盤《たいばん》だよ、と。

そして、「よく乾燥させた後、神様の力が込められた聖衣でくるんで、マイナス十五度になる業務用の冷凍庫にずっと保管してきたから、二十年前のものだけど大丈夫だよ。私も食べたことあるけど、とにかく不味いだけだから」と笑いながら言った。


このまま全部食べたら、私はどうなるんだろう。

おかみさんは、「あの方が還ってくる」と言っていた。

それって、彼らが信じる変な神様が、私に宿るってことなんだろうか。

厭だ、怖い、そんな目に遭いたくない——。

その時、ふと、気がついた。

そうか、私の中に、神様が入ればいいのか。


千枝さんは、しばらく思わせぶりに目を閉じながら、ううう っ……と唸《うな》った後、机の上にナイフとフォークを投げ出し、すくっと椅子から立ち上がった。

そして、「ついに私は甦《よみがえ》る時が来た。我がしもべたちよ、ひざまずけ」と叫んだ。

途端《とたん》に、おかみさんと淑子さんはハッとした顔になり、「はいっ!」と返事をすると、その場に膝《ひざ》を折ってかしずいた。

そして、ひざまずきながら、「やった！」「成功した！」と二人で顔をほころばせて喜びながら手を取り合っている。

そんな二人の姿を見ながら、千枝さんは傍《そば》にある椅子をそっと振り上げると、驚いた顔で見上げる彼らの上に思い切り叩きつけた。

床には折れた椅子の脚が散らばり、二人は頭を抱えてうずくまっている。

千枝さんはためらうことなく脇に置いてあった荷物を手にすると、玄関から外に飛び出し、そのまま通り沿いを必死に駆け抜けていく。

誰かの家へ助けを求めようかとも思ったが、村の人は見知らぬ自分より、彼ら親子の言うことを信じるだろう。時間を無駄にせず、少しでも遠くまで逃げたほうがいい。

中学、高校と陸上部だったので、脚の速さと体力には自信がある。向こうには車も自転車もあるので、逃げ切れるかわからないが、とにかく行けるところまで行こう。

最悪の場合は警察を呼べるよう、一一〇番を表示させた状態で携帯電話を片手に持ち、真っ暗な夜の田舎道を延々と走っていく。

一時間ほど走って、さすがに息が切れて歩きに変えたが、彼らが後を追ってくる気配はなく、夜が明けるまで延々と歩くと、朝になりバスが通りかかったので、それに飛び乗って、最終的には無事に自宅まで帰ることが出来た。

帰宅して、今回のことを改めて考えてみた。

実は千枝さんも、父親が誰かを知らされていない。

母親にあたる人は、出産を機に精神を病んだそうで、自分を育てることは出来ずに、入退院を繰り返した後、最後は自分で命を断って亡くなったという。

一度も会った記憶がなく、育ててくれた親戚から聞かされただけなので、これまでそれについて、何か感慨を持ったこともない。

ただ、今になって思い返されることがある。あれは高校三年生の時だ。

正月、家に親戚が集まって、皆で酒盛りをした。全員が酔っぱらっており、そのうち泥酔した一人が、千枝さんの顔を見て、「おめえの母ちゃんも美人だったけど、変な宗教のせいで、妹と同じ男に孕《はら》まされるとは、可哀そうだったよなあ」と言った。

その時初めて、母親には妹がいたことや、姉妹が同じ男の子どもを妊娠したと知り、なるほど、誰も父親のことを自分に言わないのは、そういう理由からなのか、と他人事のように納得した記憶がある。

千枝さんは、自分を育ててくれた親代わりの親族に電話をかけると、今回の出来事は伏せつつ、自分の父親のことを教えて欲しい、父親はカルト宗教の教祖だったのか、と率直に訊いた。すると、言葉を濁しつつも、「そこまで知っているのなら……」と、事のあらましを教えてくれた。

父親にあたる男性は、教祖ではないが新興宗教の幹部であり、時折本来の教義から外れるような発言をするものの、一部の信徒からはカリスマ的な信奉を受けていたという。そして、幹部の立場と信仰心を利用して、信徒の若い娘に性的な関係を迫るようになり、被害を訴えた女性たちの声も、最初は教団に握り潰されて闇に葬られていた。

やがて警察が介入して、男性が逮捕されるに至ると、明るみに出ただけでも七人の少女が犠牲になっていたことがわかった。

実際には、その何倍もの少女が毒牙にかけられていたと噂されていたが、決してそれが表に出ないのは、犠牲になったにもかかわらず、最後まで男性のことを狂信的に信奉して、決して口を割らない信徒が数多くいたからだという。

ただ、男性は逮捕されて投獄されているが、今も存命であるようだ。

ならば、彼らの言っていた、「あの方」とは誰のことなのか。

男性ではなく、彼を通じて存在する、もっと邪悪な何かが居たということなのか。

ハンバーグを半分食べたのが良くなかったのだろう。

千枝さんは、今でもあの夢をよく見る。

夢の中では、あの赤黒い巨大な肉塊は、もうすぐそこまで近づいており、来ないで、と強く念じていないと、気を抜くだけで、すぐに汚らしい腕のようなものを伸ばして、千枝さんの足首をぐっと掴《つか》んでくるそうだ。

「いつか私の精神が負けたら、あの肉塊に捉えられて、また伯母と従妹の待つあの場所へ還ることになるかもしれません。それがわかっているから、彼らはあの後、一度も私の後を追ってこないし、連絡もしてこないんです」

この話を聞かせてくれた千枝さんは、そう話すと不愉快そうに顔を歪《ゆが》めた。

さらわれた女

今から四半世紀前、私が大学生の頃の話である。

その頃私は、某ファーストフード店で遅い時間のアルバイトをやっていた。夜八時頃に仕事をはじめて、閉店までハンバーガーやポテトを作り、閉店後は店内の片付けや清掃、翌日朝への申し送りなどを行う「クローズ」と呼ばれるスタッフである。気づけば深夜になることもしばしばであった。

その日も閉店後に休憩室でバイト仲間との会話が盛り上がり、そろそろ帰りなさい、という店長の声で店を出た時には、すでに深夜二時半を回っていた。

家まで徒歩二十五分。近くはないが遠くもない。深夜でも歩いて帰れる場所だからこそ選んだバイトである。

都心とはいえ、大通りから外れた深夜の住宅街は人の気配もなく、靴音が響くほどの静けさだ。街に自分しかいない雰囲気が好きで、私はバイト帰りの道のりを深夜の散歩代わりに楽しんでいた。

帰り道の途中には、両側に一軒家やマンションが建ち並ぶ細い通りがある。左側には古くからある立派な邸宅が建っており、家を囲む石塀が道の脇にずっと続いている。

道は三十メートルほど真っ直ぐ伸びた後、右へと大きく急カーブして下り坂へ変わる。非常に見通しが悪いので、曲がり角には街灯が設置されていた。

その晩、私が細い裏道の入口へ差しかかった時、黄色い光に煌々《こうこう》と照らされた街灯の真下に、紺色のコートを着た女性が佇《たたず》んでいるのが見えた。

街灯に照らされて、ショートボブの髪型、首にまいたマフラー、すらりと伸びたスタイルの良い手足、十代後半から二十代半ばと思われる横顔までがはっきりとわかる。

ただ、私は女性をひと目見るなり、ギョッとして足が凍りついてしまった。

なんせ、季節は夏である。お盆を過ぎたとはいえ、まだ日中は三十度を超える八月の下旬、たとえ夜が冷えたとしてもコートにマフラーはあり得ない。

しかもその女性、その場から一歩も動かないまま、まるでメトロノームの針のように、足首を支点にしたまま、前後に大きく揺れているのだ。

とても、人が出来る動きではない。

街灯の下で、直立した女性が、前後にひたすら揺れ続けている。

凝視した時間は、ほんの数秒だろうか。

こみ上げる恐怖に襲われた私は、すぐに道を引き返して、明るい表通りから帰ろうと、くるりと踵《きびす》を返した。

その瞬間――。

グイッと後ろ髪を引かれるような、強い気配を真後ろに感じた。

女性に背中を向けてしまったことを後悔したが、かといって怖くて振り向くことも出来ない。背後に気配を感じはするのだが、静寂の中、聞こえてくるのは、ぜえ、はあ、という自分の荒い呼吸音だけである。

あまりの緊張で、次第にその音すら耐えきれなくなった私は、意を決して再度くるりと振り返った。

すると、さっと気配が遠のくのがわかった。

そして振り向いた先の曲がり角では、同じように前へ後ろへと女性が揺れている。

あれ、揺れ幅が大きくなってきたような――。

そう思っていると、女性がヒュッと後ろへ跳ねた。

身体をくの字に曲げて、背中側から引っ張られたような格好のまま、後ろにある石塀へ音もなく吸い込まれたのである。

女性の姿はそのまま消えてしまい、街灯はただ何もない地面を照らすばかり。いったい何が起きたのかと、思わず近くへ走り寄り、ぐるりと周囲を見回した。曲がり角の先は下り坂だが、そこにも女性の姿はない。

街灯近くの石塀を触ったり叩いたりしてみたが、特に変な所も見当たらない。

驚きの感情が徐々におさまると、今見たものの不可解さと恐怖が改めてこみ上げて、うわああーっと叫びながら、無我夢中で自宅まで走った。

帰宅すると、眠っている両親を叩き起こし、幽霊を見たと必死に説明したが、疲れて寝惚《ねぼ》けているんだろ、それとも酔っているのか、バイトばっかりしていないで、きちんと大学へ行けとあしらわれ、まるで信じてもらえない。

翌日はサボりがちの大学へ数日ぶりに顔を出し、昨夜見たものを周囲に吹聴《ふいちょう》して回ったが、久しぶりに登校したら怪談話かと、皆呆れるばかりで相手にしてくれない。

結局、誰も真剣に聞いてくれないまま時だけは過ぎたが、その後半年間、何ひとつ不可解な出来事は起こらなかった。

大学やバイト先へ向かうには、この道を通らないと大変遠回りになるので、最初の半月ほどは怖がって避けていたものの、時と共に恐怖心も薄れ、次第に迂回が面倒になり、また深夜でも通るようになったが、街灯の下で女性の姿を見ることはなかった。

石塀の向こうには古くからの旧家があるので、失礼なことではあるが、当時の私は、何か事件でも起きてくれないかと密かに期待していたのだが、そんな気配は微塵《みじん》もなく、近所の人にそれとなく旧家の話を聞いても、何か因縁のあるような家には思えなかった。

やがて私自身、幻覚とまでは言わずとも、あれはきっと酔っぱらうか、体調が悪くてふらついていた女性で、吸い込まれたように見えたのも、おそらく街灯の光の加減だったのではないか、姿を消したのではなくて、曲がり角の先にある下り坂を単に早足で下りただけかもしれないと思うようになり、季節が秋から冬に変わる頃には、私の中でも現実味はすっかり薄れてしまっていた。


時は移り、厳しい寒さの続く二月の初旬、私は友人と酒を飲んだ帰りに、最寄り駅から家までいつもの道を歩いていた。

例の曲がり角を過ぎて坂を下りると、少し開けた交差点へ出る。

その晩、交差点まで下りてきた時、何かググッと神経が一方向へ引かれる感覚と共に、強い既視感に襲われた。

不思議な感覚に足を止めて周囲を見回すと、数メートル離れたコインランドリーの入口に女性が立っていた。洗濯物が入っているのだろうか、女性は腰をかがめながら、床に置いた大きな手提げ袋の中身を確認している。

すると、いつの間に近づいてきたのだろうか、低速で走る大型のバンが女性の真後ろに静かに停車した。

女性は特に背後を気にするわけでもなく、手提げ袋をかき回しながら一所懸命何かを探している。するとバンの後部座席の扉が開き、そこから黒いジャンパーを着た若い男が姿を現した。

次の出来事は、まさに一瞬であった。

男の手が女性の腰にサッと回ったかと思うと、抱きかかえた姿勢のまま、手慣れた動きで女性を素早くバンの中へ引き入れた。

きゃっ！　という小さな叫び声が人気のない住宅街に響いたが、すぐさまバンの扉は閉じられて、車は瞬《また》く間に急発進するとその場を走り去って行った。

唐突な場面に出くわし、私は数秒間硬直していたが、今見たものは、明らかに一人の女性が街中でさらわれた場面である。私は弾かれるように最寄りの交番へ走って、若い女性が近所のコインランドリー前で連れ去られた、と大声でまくしたてた。

ところが、である。

交番には若い警察官が一人居たが、どうも反応がおかしいのだ。

私が「誘拐です！」と言っても、横目で見ながら、「いいから落ち着きなさい」とか、「君はお酒飲んでるの？」とか、「警察相手に遊んじゃいけないよ」とか、一向に真剣に話を聞こうとしない。

業を煮やした私が、「早く現場まで来てください！」と警察官の手を掴《つか》もうとすると、ようやく渋々といった風情で、「まずは、何があったのか話してください」と言って、椅子へ座るように席を勧めてきた。

警察官のぞんざいな態度に腹は立つが、今はそれどころではない。早くあの女性を助けなければ、という焦《あせ》りがある。苛立ちを顔に出さないよう気をつけて、自分が見たものを出来るだけ正確に伝えるよう努めた。

私が話す間、警察官はメモをとるわけでもなく、質問するわけでもなく、なんともいえない表情で黙々と私の話を聞いている。

私が話し終えて「では早く現場へ……」と大声を出しかけると、片手を挙げて制止のポーズをとり、「ちょっと聞いてくれるかな」と低い声で話しかけてきた。

警察官が言うには、毎年この時期になると、同じ内容の事件を目撃したという人間がこの交番を訪れるそうだ。

今回でもう四年目。女性の服装、状況、車、連れ去り方、時間帯まで一緒だという。最初の年こそ事件扱いで捜査もしたが、近辺で該当するような行方不明の女性はいなかった。コインランドリーを利用しているので近隣住民だろうと思われたが、一人暮らしを含めて、不審な姿の消し方をした女性は一帯では誰もおらず、付近の防犯カメラにも該当しそうな黒いバンは映っていなかった。

しかも、通報者の男性とは後日なぜか連絡がとれなくなってしまい、最終的には質の悪いイタズラではないか、という結論に至った。

それで済めば、単なる虚偽の通報で済んだのだが、翌年の二月、再びまったく同じ内容の通報があり、今度こそ悪質なイタズラだろうと、前回の出来事との関係も含めて厳しく追及したところ、「通報してこの扱いはなんだ！」と相手が凄い剣幕で怒ってしまい、弁護士による正式な抗議の連絡が署へ入るほどの大事になってしまった。

結局、再捜索はしたものの、やはり行方不明になった女性は、近隣にはいなかった。

だからその翌年もまた同じ目撃談が寄せられた時、毎年通報をこの交番で受けている彼は困ってしまい、上には一応報告したものの、組織的かつ悪質なイタズラだと結論づけられて、捜索には至らなかった。

だから、今年も同じことを言う目撃者が出てきたら、背後関係までしっかり確認するように指示されているのだという。

「でもねえ、あなたも含めて、どう見たってイタズラという雰囲気ではないんですよ。だいたい最初の男以外、みんな連絡先が確認出来る普通の会社員や学生です。組織的な犯行とも思えません。変に疑われて、しつこく詮索されるのも嫌でしょ？　だから今夜の話は、お互い忘れることにしませんか」

そう言うと、警官は「しっかし、参ったなあ……」などと呟《つぶや》きながら、嫌そうな顔をして、首筋をボリボリと掻《か》きはじめた。

私としてはにわかに信じ難い話だが、目の前の彼が調書を書く様子もない。

仕方ないので「行方不明の通報がないかだけは確認してください」と念を押して、釈然《しゃくぜん》としない気持ちで交番を後にした。

交番を出てしばらくすると、ようやく半年前の光景が頭に蘇《よみがえ》った。

さらわれたのは、紺色のコートにマフラーをした、ショートボブの女性だった。

背格好、消え方、以前街灯の下で見たものとまったく同じではないか。

自分はいったい何を見たのだろうと、戦慄《せんりつ》のあまり身体を抱えて震えた記憶がある。

警察が私の通報を受けて、女性を捜索をしたのかは定かではない。

少なくとも、私の所には一度も警察から連絡が来ることはなかった。

その後、例の曲がり角やコインランドリーの近くは幾度となく通ったが、ついぞ異変が起こることはなかった。


これ以上の続きはなく、私は長年消化不良のまま過ごしたのだが、ある時、この話を聞かせた人から、興味深い指摘を受けた。

私の見たものが現実だったと仮定して、ここになんらかの事件や因縁が存在するならば、果たしてそれは、曲がり角や坂の下という、場所にまつわる因縁なのだろうか、と。

その人曰く、いくら毎年のこととはいえ、警官の態度は明らかにいかがわしい。

普通なら過去の通報の話などせず、もっと形式的に応対するだろうし、本当に組織的で悪質なイタズラを疑っているのなら、あなたはもっと徹底的に調べられたはずだ。これではまるで、交番の中で事件がもみ消されたかのように思えてしまう。

何より変なのは、普通は事件を目撃したら、その場で一一〇番をするはずだ。いくら近くにあるとはいえ、なぜどの目撃者も、その交番へ駆け込んだのだろう。

あなた自身それに気づいていないけど、本当はすごく不思議なことですよ。目撃者全員が、同じ交番の同じ警察官に、同じ事件を語ったのなら、一連の出来事の因縁は、案外、その警察官にあるのかもしれませんね。

そう言われたことが、今も忘れられない。

すねこすり

すねこすり、という妖怪がいる。

犬のような姿をしており、主に雨の降る夜に現れて、その名前の通り、夜道を急ぐ人の足の間を擦《こす》るように通り抜ける。他にも股の間をくぐり抜ける『またくぐり』や、人の足を引っ張って転ばせる『すねっころがし』という似た類いの妖怪も存在する。

いずれも、雨や暗闇で見通しのきかない夜道を歩く人たちの、恐怖や焦燥感が生み出した妖怪と言えるかもしれない。

広美さんは、中学二年の時、この『すねこすり』を叔父の家で見たことがあるという。

叔父というのは、父親の弟にあたるのだが、几帳面で真面目な会社員の父親とは正反対の性格で、口が達者で調子は良いが、ひとつの仕事が一年と続かない怠惰《たいだ》さと堪《こら》え性のなさがあり、父親と叔父はまったくソリが合わず、とにかく兄弟仲が悪かった。

内向的な性質の広美さんは、会う度にやたらと馴れ馴れしく接してくる叔父が苦手だったが、父親が四十代の若さで事故死すると、あろうことか母親はこの叔父と男女の仲になり、叔父の家で同居する内縁関係になってしまった。

広美さんも叔父の家で嫌々生活することになったが、優しくて大好きだった父親のことを、「本当につまらない男だった」と平気で悪く言う母親や、父親が一所懸命に蓄えた貯金を湯水のように遣う叔父との暮らしには耐え難いものがあった。

唯一の救いは、叔父の家というのがやたらと広いことで、広美さんは食事の時以外、叔父や母親とは顔を会わせずに暮らすことが出来た。

元は祖父の持ち家だったが、根無し草のような暮らしをする我が子を心配した祖父が、「せめて住む場所だけは」との思いから、亡くなる間際、叔父へ相続させたらしいのだが、これがまた喧嘩《けんか》の火種になり、以来、兄弟仲はよりいっそう悪化した。

祖父の葬儀の後、珍しく酔い潰れた父親に毛布をかけると、「じいちゃんは、無口で面白くない父さんより、明るくて人なつこい叔父さんをずっと可愛がってたんだ」と、独り言のような愚痴を呟《つぶや》いた時のことは、今も広美さんの記憶に残っている。

まともな定職に就いてこなかった叔父だが、その頃は自宅の一室を仕事場にして、何やら怪しげな仕事に精を出しており、広美さんは仕事部屋へ絶対に立ち入らないよう、叔父からきつく言われていた。

ただ母親は、何か仕事を手伝っている様子で、叔父と一緒にその部屋へよく籠《こ》もっていた。二人がすることに興味は湧かなかったが、時折、中から楽しそうな笑い声が聞こえてくると、それを耳にする度、広美さんの中には苛々《いらいら》とした気持ちが募っていった。

ある晩、夜中にもかかわらず二人があまりにも大声で笑うので、苛立ちが限界に達して、「騒がしいから静かにしてっ！」と部屋の扉を開けてしまった。

血相を変えた母親が「アンタ、勝手に入ってきて！」と怒鳴るのを制しながら、奥からニヤニヤと薄ら笑いを浮かべた叔父が現れ、「いいよ、特別に入っておいで」と言った。

部屋の中は十畳ほどの和室で、壁際に設置された本棚や木机に、書名の読み取れない古びた書物が十数冊あるのみで、他には何も置かれていないガランとした部屋である。

だが、部屋にあるのはそれだけではなかった。

畳の上には、大人の拳よりひと回り大きいサイズの黒い毛玉のようなものが、モゾモゾと十数個蠢《うごめ》いている。よく見るとそれは、黒い靄《もや》のような不安定な形をしており、その表面からは、フワフワした黒い毛らしきものがびっしりと生えていた。

叔父はぞっとするほど酷薄《こくはく》な笑顔になり、「広美ちゃん妖怪好きでしょ。ほら、コレは本に出ている『すねこすり』だよ」と嬉しそうに言った。

そして、「本物のすねこすりは臆病だから、こっちから足を当てに行かないとダメなんだ」と言って、足元の黒い塊を虐《いじ》めるように追い回すと、最後に思い切り蹴《け》飛ばした。

叔父のそんな様子を見て、母親は興奮した顔で「私もっ！」と言って参加すると、足元を逃げ回る黒い毛玉を、叔父と一緒に何度も蹴っては嬌声《きょうせい》を上げた。

しばらくして、笑顔の母親が「アンタもやる？」と聞いてきた時、広美さんのすぐ足元に居た黒い塊が、掠《かす》れた声で「ニゲロ……」と囁《ささや》いた。

叔父が素早く駆け寄って、「うるせえんだよ！」と壁まで弾け飛ぶほど激しく蹴ったが、広美さんの耳に届いたその声は、聞き間違うことなく、亡き父親のものだった。

叔父から「出て行け」と部屋を追い出されると、それ以来、部屋には鍵がかかるようになり、広美さんが中へ入れてもらえることは二度となかった。

ただその出来事以来、広美さんは、早くこの家から出て、二人の居ない所へ逃げたいと強く思うようになり、中学を卒業すると、寮付きの高校へ進学して家を出た。

卒業後も実家へ帰ることなく、叔父と母親とは、今ではまったく交流がない。

あの日見たものが何かはわからないが、もし本当に父親だったらあまりに惨《むご》い話なので、あれはすねこすりだった、と自分に言い聞かせて、今も過ごしているのだという。

墳墓の丘

これは、かつて私の親友だった和行《かずゆき》君が、行方知れずになった話。
私は現在四十代後半だが、彼との付き合いは、約三十年前、高校一年生の春まで遡《さかのぼ》る。入部した某運動部には、本当にスポーツが出来るのかと疑いたくなるほど、華奢《きゃしゃ》な体格の新入部員がいた。これが、和行君との出会いだった。

彼は「い」ではじまる非常に珍しい名字で、私は、後にも先にも、彼の他にこの名字を名乗る人に出会ったことがない。

彼はポーカーフェイスであまり感情を表に出さず、黒縁眼鏡に切れ長の鋭い眼つき、若白髪の混じったマッシュルームカットという、独特の風貌《ふうぼう》をしていた。

話してみると、見た目通りの変わり者で、理屈っぽくて弁が立ち、「僕はいずれ世の中を変えて人の役に立つ人間だ」などと、根拠もない自信に溢《あふ》れている。

腕力はないくせに気だけは強くて、生意気な態度で先輩を怒らせることもしばしば。運動部でありながら、二十回も腕立て伏せが出来ないくせに、そのことを笑われると、「武道は精神力だから、僕はすでに君たちより高い水準にいるんだよ」などと嘯《うそぶ》く。

また、読書家で博学、特に歴史には非常に詳しく、図書館で元文献をあたるような熱の入れようで、好きなものには誰よりも真剣に取り組む情熱家でもあった。

そして、自分の気持ちに大変素直な人間であった。言葉を飾ることを嫌い、おもねることを嫌い、群れて甘えることを嫌った。加えて、そんな自分が嫌われることは一切恐れない強さも持ち合わせていた。

最初は会話ひとつするにも疲れる相手だったが、私も同級生から「変な奴」と呼ばれる高校生だったので、次第にお互いの個性を発揮しながら気兼ねなく話せる相手になり、一年も経つ頃には最も親しい友人となっていた。


高校から大学までエスカレーター式の私立校だったので、私たちはその期間をずっと友人として過ごした。

私と違って勉強家の和行君は日本史で大学院への進学を決め、シンクタンクでも学生アルバイトとして活躍する秀才だった。

一方の私は、演劇の脚本や小説の執筆に明け暮れ、気づけば大学五年生になるというていたらくぶり。そんな私も就職を決め、あと半年で大学を卒業するという頃、和行君の父方の祖父母が、交通事故で二人揃って亡くなってしまった。

葬儀の席で、彼は自分の祖父母が東京出身ではないことを初めて知らされた。

参列者には母方の親族しかおらず、父方の親族は一人も訪れない。

不審に思って父親に尋ねると、「なんでも、じいちゃんはずいぶん昔に、故郷から逃げるようにして東京へ出てきたらしい」と言われた。

年に数度は会う間柄で、決して祖父母と疎遠だったわけではない。それなのに、二十数年間、祖父は東京生まれの東京育ちだとばかり思っていた。

初めての話に驚いて父親を問い質してみたが、「父さんは東京に来てから生まれた子だから、じいちゃんの故郷は知らないんだよ」と首を振る。

父親も成人するまではそのことを知らず、どういう経緯か祖父に何度か尋ねたことはあるが、よほどの事情があるらしく、祖父は固く口を閉ざしたまま、どこの出身なのか、なぜ故郷を捨てたのか、決して口にすることはなかったという。

和行君はこの話を聞いて、俄然《がぜん》、自分のルーツを探りたくなった。

ヒントは自分の非常に珍しい名字にあると踏んだ彼は、そのルーツを文献で調べつつ、祖父母の遺品に残された家系図を辿《たど》った。

ようやく携帯電話が登場し、皆がホームページ作りに熱中しはじめた頃の話である。インターネットの情報にも限界があったが、彼は得意の文献調査で紙資料の調査も行い、三か月かけて「この場所に違いない」という土地を探し当てた。

私はそんな和行君を、「頑張るなあ」くらいにしか思っていなかったので、卒業を控えたある日、彼から「お前の卒業記念旅行だけど、温泉はやめて、僕の祖父の故郷へ一緒に行ってくれないか」と頼まれた時には驚いた。

土地は限定できたけれど、やはり現地へ行かないと確証が持てない。ただ、初対面の人に話を聞くのはあまり得意ではないので、当時から怪談を集めていた僕に同行してもらい、取材の手伝いをしてほしいと言われた。

行き先を聞くと、昭和の中期まで「陸の孤島」と呼ばれていた集落だという。

私もすっかり興味が湧いたので、ぜひ同行したいと二つ返事で引き受けた。

さらに、当時私たちが仲良くしていた間宮《まみや》君にも声をかけた。彼は大の家電好きで、当時最新のデジタルビデオを持っていたので、撮影係を依頼することにした。

和行君の調べによれば、彼の珍しい名字は、国内でも数カ所の分布に特定できるようで、約四半世紀前の当時でも、存命の同姓は全国に百人程度しかいなかった。名字の多い順に統計をとると、一位の佐藤、二位の鈴木といったポピュラーな名字とは異なり、彼は当時で三万五百番台にあたる非常に稀少な名字を持っていた。

名字の分布だけでは、候補地は幾つかあったが、家系図など他の資料と照らし合わせると、かつては「陸の孤島」と呼ばれていた某集落が、おそらく自身のルーツだということがわかった。

仰々しい呼び名だが、その所以《ゆえん》は、正面に海があり、後ろ三方は高い山に囲まれた隔絶された立地にある。昭和三十年代までは陸路が整備されておらず、主な交通手段は海路しかない場所であった。

周囲を切り立った山に囲まれているが、傾斜がやや緩《ゆる》くなった場所に集落があり、海岸から山へと伸びる道の左右には、わずか三十数軒しかない民家が密集している。

元は村だったが、町村合併で山ひとつ隔てた自治体と合併してしまった。ただ、今でも村の名前は地名として残っている。

ただ、この村が特別なのは、陸の孤島だからというだけではない。

小さな集落にもかかわらず、周りを囲むように宗教施設や遺跡が幾つもあるのだ。

山側には、神社がひとつ、寺がひとつ、他にも不動尊や馬頭観音像があり、海の近くには明神池がある。

さらに、集落を見下ろす山の高台には、六世紀の古墳（円墳）が二十数基残されており、古墳時代後期からの永い時間を、この隔離された場所で、まるで墓守りのように存在し続けてきた集落なのである。


当日、私たち三人は、山向こうの集落から一日数本しかないバスに乗り、くねる山道を通って現地へ向かった。辿り着いたバス停は、集落を見下ろせる大変景色の良い場所にあり、そこから辺りを一望することが出来た。

文献で読んだ通り、正面は海、三方は山に囲まれた小さな盆地のような場所で、やや離れた所には人の住む集落が見える。

晴れた日には、海を越えた対岸の山々を眺めることが出来て絶景とのことだったが、この日は海上が濃い霧に覆《おお》われて、まったく先が見えなかった。

バス停から少し歩くと、山の高台には古墳群があった。

二十数基ある円墳は、そのほとんどが風雨にさらされて、原型を留めていない。

ただ中には保存状態の良い古墳もあり、山肌に掘られた横穴式の石室は往時を偲《しの》ばせる風情があった。

和行君は「六世紀から今に至る千数百年もの間、高台に祀《まつ》られた古墳群と共に、この集落の人たちが暮らしてきたのかと思うと興奮するよ」と嬉しそうに遺跡を見て回り、記録担当の間宮君はビデオカメラを回しながら、そんな彼の後ろを付いて行く。

霧が出ているので、下手をすると簡単に二人を見失いそうだ。古代の浪漫《ろまん》に浸《ひた》っていた私は、急いで彼らの背中を追った。

私たちは古墳群のある高台から山道を降りると、明神池、神社、寺、馬頭観音などを順に見て回った。詳細は省くが、僻地《へきち》の集落にしては由来のある物も多く、少々驚いたことを記憶している。

寺を訪れた時、和行君が「祖先の墓を確認する」と言い出した。

隣接して墓地があり、山を見上げるように古びた墓石が立ち並んでいる。彼はしばらく探し回っていたが、やがて「あった！」と興奮した声を上げた。

どうやら、同姓の墓を見つけたようである。彼は「やはりこの土地が僕のルーツだ」と破顔し、満足そうに墓の前で手を合わせていた。

気がつくと、陽が傾きつつある。海から押し寄せる霧も、濃く冷たくなってきた。

そろそろ探索はやめて、今夜泊まる場所を探そうということになり、私たちは集落へと向かった。こんな場所でも、夏場は海に来る人で多少賑《にぎ》わうようで、ダイビングの穴場スポットとして隠れた人気もあるらしく、民宿があるのは確認済みだ。

ただ、集落へ向かう道すがら、私はだんだんとこの場所が気味悪く感じはじめていた。気にしないようにしていたが、ここに来てから数時間、誰とも逢っていない。まるで廃村へ訪れたかのようである。

夕暮れ時なのに、どの民家にも明かりが灯《とも》っていない。

街灯だけが、霧の中にぼうっと浮かび上がっている。

和行君に近づいて「なあ、人の気配が……」と言うと、彼は続く言葉を手で制しながら「わかっている」と小声で言った。

よく見れば、彼の額にはうっすら汗が滲《にじ》んでいる。私は続く言葉を呑み込むと、とにかく宿を探そうと、必死で周囲を見回した。

とはいえ、山から海へ続く細い一本道の両側だけに民家があるので、そこを歩いて行くしかない。途中に民宿の看板も見えたが、営業している様子はなかった。

やがて私たちは集落を抜け、そのまま海岸へと出てしまった。

海辺に立つと、岩に覆われた海岸線が闇に溶け、夜の海からは濃い霧がどんどんと押し寄せてくる。ここにもやはり、人の気配はない。

その頃にはカメラに夢中だった間宮君もおかしさに気づいたようで、カメラを構えたまま、不審そうにキョロキョロとしている。私たちは不安を押し殺すと、宿泊先を見つけるために、もう一度集落の中を抜けることにした。

少し歩くと、一軒だけ玄関から明かりの漏《も》れている家が見えた。近づくと、そこは幸いなことに民宿だった。

先ほどは閉まっていたのだが、今は玄関の扉が大きく開けられている。そうっと覗《のぞ》き込むと、玄関の上がり口に一人のお爺さんが、ぼんやりとした表情で腰掛けていた。

ああ良かった、人が居た。

「今晩、泊まれるでしょうか？」そう言いながら近づくと、突然、お爺さんはバネ仕掛けの人形のようにピョンと立ち上がり、そのまま両手で和行君の肩を掴《つか》んだ。

「おかえりぃ、まさなお」

そう叫んで眼を剥《む》くと、グッグッグッと腹から絞り出すような声で笑った。

私は唖然として硬直していたが、突然、和行君が「うわあああっ！」と悲鳴を上げた。

そして、掴んでいる老人の手を振り払うと、叫びながら一目散に外へ走り去って行った。

急なことに面食らったが、「追うぞ」と間宮君に声をかけると、先を走りながら夜霧に霞《かす》んでいく和行君の背中を、私たちは必死に追い駆けた。

気づくと、私たちは元来たバス停まで戻ってきていた。ようやく人心地ついたのか、ベンチにへたりこんだ和行君は、「すまない」と荒い息で私たちに頭を下げた。

お爺さんの言った「マサナオ」はおそらく人の名前だろう。それを聞いた瞬間、和行君の様子が豹変《ひょうへん》したので、きっと何か心当たりがあるに違いない。

亡くなった祖父の名前かとも思ったが、事前に聞いた限りでは、確か「弘政《ひろまさ》」だったはずである。そのことを彼に言うと、彼は首を横に振りながら、「うちのじいちゃんは、東京に来てからなぜか改名した。旧名は政尚《マサナオ》だ」と怯《おび》えた声で言った。

三人ともすっかり無言になってしまい、やがて目の前に帰りのバスが到着したので、結局、集落に泊まって調査する予定は取りやめて、私たちはそのまま帰路についた。

別れ際、私たちは最後まで集落での出来事に触れないまま、「お互い春からの新生活を頑張ろう」などと、当たり障りのない言葉で励まし合って解散した。

いったい、あれはなんだったのか。ももやは残ったが、数日後には社会人としての新生活がはじまり、目まぐるしい日々の中で、次第に頭の片隅へと追いやられていった。

社会人にも少し慣れてきた初夏、久しぶりに会おうと和行君に誘われた。

彼は完全なインドア派なので、暑い季節に会う時は、安居酒屋に何時間も籠《こ》もって乾杯するのが常だったが、今回は「緑に触れたいから、熱帯植物園で会おう」と言う。

「植物園に行かなくても、夏なんだから、どこへ行っても全部緑だよ」と私が笑うと、「いや、もの凄く緑の濃い場所でないと駄目なんだ」と、彼は真面目な顔で返事をした。

思えば、すでにこの時、彼の異変ははじまっていたのだろう。

でも私は、「こいつは変わり者だから」という理由で、深く気にも留めなかった。

その日の彼は、向こうから会おうと声をかけたわりに、ほとんど喋らないまま、植物園の巨大な熱帯樹の根元に佇《たたず》んで、遥か頭上をジッと見上げ続けていた。

会話に困って、「大学院の調子はどうだ?」と尋ねると、驚いたことに「もうやめた」とあっさりした口調で言う。

「研究職を目指して猛勉強してたじゃないか」と言っても、「もういいんだ」の一点張り。

それどころか、「古来の日本を取り戻さなくてはいけない」とか、「緑に囲まれた都市を再建する必要がある」などと、これまで聞いたこともない持論を急に語り出し、そのために某農業大学の造園科に編入し直すつもりだと言った。

すっかり面食らってしまったが、そうは言っても彼の人生である。よく考えた結果なら仕方ないと思い、それ以上の詮索はせずにその日は別れた。

次に和行君に会ったのは、季節がもう秋に変わる頃。再び「熱帯植物園で会いたい」と言ってきたので、少し奇妙には感じたが、大学院を辞めて造園科を目指すくらいなので、よほど植物が好きになったのだろう、と思うことにした。

久しぶりに会うと、彼は明らかにやつれていた。元から華奢で細いのに、身体はさらに痩《や》せてしまっており、頰《ほほ》もこけ、肌はくすんで乾燥している。

心配になって、「ちゃんと飯は食べているのか」と聞いても、本人は面倒くさそうに、「大丈夫だよ」としか言わない。

今回もまた、背の高い熱帯樹を見上げならまったく話そうとしないので、致し方なく「君もすっかり緑の美しさの虜《とりこ》だね」と適当な話題を振ったところ、彼は憮然《ぶぜん》とした顔で「僕に緑の美しさなんてわからないよ。重度の色盲なんだから」と言った。

彼とは、高校一年生からの長い付き合いだ。それなのに、色盲とは初耳である。

それに、これまでの記憶を手繰《たぐ》れば、綺麗、美しい、鮮やかなど、彼が色について話す機会は何度もあった。少なくとも、重度の色盲であるはずがない。

私がそう主張しても、「僕は生れつき色盲で、ずっと緑と赤の区別がつかない」と、彼は断言するので、旧知の友人が別人にすり替わったような妙な気分になり、忙しいからと言い訳をして、大樹から目を逸《そ》らさない彼を残して、その日は早々に引き上げた。

それからも何度か連絡はあったが、明らかに様子の変わった彼が不気味で、仕事の多忙さを言い訳に会う約束を断り続けた。

そのまま半年以上が経過し、新年度になった頃、また和行君から連絡があった。目標としていた某農業大学の造園科への編入試験に合格し、恋人も出来たという。なんだ、ちゃんとやっていたのか、と安堵《あんど》すると共に、勝手に避けていた自分の態度が恥ずかしくなり、私は二つ返事で彼との再会を約束した。

待ち合わせた喫茶店へ赴《おもむ》くと、彼はいっそう痩せて、酷《ひど》く不健康な顔色をしている。そして、私への挨拶もろくにないまま、持参してきたスケッチブックを唐突に開き、「昔はこうやって森に囲まれた神社がね……」と相変わらず要領を得ない話をしはじめた。

スケッチブックには、鉛筆で細密に描き込まれた絵が並んでいる。

明らかに神社とわかるものや、神殿に見える正体不明の建造物、高い鳥居を囲む木々、森の上に突き出た櫓《やぐら》などが、何十点も所狭しと描かれている。上手いのだが、やたらと線の多い描き方で、どこか神経質な印象を受ける絵であった。

そして何より不気味だったのが、彼の恋人という女性であった。

最初に小声で名乗った後は、彼の横に座ったまま、ひと言も喋らず、ひたすら笑いながら私を凝視してくる。

二人の出会いなど恋愛の話題を振っても、和行君はスケッチブックの解説に夢中で、女性はにやついた厭《いや》な笑顔のまま返事すらしない。

この女性、顔全体のパーツが歪《いびつ》で、不自然なほど色が黒く、目は大き過ぎるうえに離れており、さらに顎がとても小さい。どことなくカマキリやハチなど、昆虫を連想させる雰囲気がある。その顔が無言のままニヤニヤと見続けてくるのだが、私は熱心に話し続ける和行君を横目に、ふと気がついた。

ああ、この女性は笑っているんじゃない。

笑顔のまま、ずっと私を睨《にら》みつけているんだ、ということに。

私はすっかり居心地が悪くなり、結局、彼らとたいした話もせずに喫茶店を後にした。その時の私は、先ほどの女性はどこかの新興宗教か思想団体に所属しており、女には初心《うぶ》な和行君が、それに引っかかったに違いない、と信じて疑わなかった。

それからひと月ほど経って、転居したので住所が変わった、と彼から連絡が来たので、新居へ遊びに行くと半ば強引に約束をすると、事の真偽を確かめてやろうと意気込んで彼の家へ押しかけた。

和行君の父親は大手メーカーの部長職で、以前は両親、彼、弟の四人で瀟洒《しょうしゃ》なマンションで暮らしていた。学生時代に何度か遊びに行ったが、エリートの父親、身奇麗で優しそうな母親、気さくで朗《ほが》らかなスポーツマンの弟に囲まれた生活は、まるでドラマのようだと内心羨《うらや》ましく思っていた。

だから私は、郊外の古びた団地の前に立ちながら、本当にあの一家がここに住んでいるのかと戸惑っていた。玄関へ迎えに出てきた和行君は相変わらずガリガリに痩せており、挨拶も呟《つぶや》くような小声で覇気がない。

家に入ると、転居してきたばかりとは思えない荒れ様だった。

辺りには物や衣類が散乱し、食べ残しの食器が置かれたままで小蝿《こばえ》がたかっており、饐えた臭いが漂っている。カーテンは閉まっていないのに、日当たりが良くないのか昼なのに薄暗く、湿って澱《よど》んだ雰囲気が家全体に充満していた。

居間では、すっかり老け込んだ様子の母親が、ぼうっとした顔で座っている。こちらに気づくと無言で会釈《えしゃく》して、机に置かれたままのペットボトルから、コップにお茶を注いで突き出してきた。かつての身奇麗さや陽気さは、完全に失われてしまっている。

和行君の説明によれば、ある日父親が家族を罵《ののし》ったり、家で暴れるようになり、奇行が酷くなった末に会社も辞めて、最後は家から出て行ってしまった。まったく帰ってこないのでマンションの家賃が払えなくなり、この安い団地へ引っ越してきたのだという。

私が「お父さんの行方は心配だね」と言うと、それまでぼんやり宙を見ていた母親が、「あんな奴どうでもいいだろっ！」と急に叫んだので、それ以上何も言えなくなった。

私は言葉を選びながら、最近の君はどうもおかしい、新しい大学にはきちんと行っているのか、痩せ過ぎだがまともな食事を摂《と》っているのか、怪しい団体の人間と付き合っていないかなど、和行君へ探りを入れてみるのだが、彼は「ああ」とか「うん」を繰り返した後、最後は「大丈夫」しか言わない。

次第に私の語気が荒くなってきたところで、突然、「そういえば、弟に紹介していなかったね」と言い出した。そして私を連れて廊下に出ると、L字型に曲がった廊下の先を指して、「弟は、向こうに居るから」と微笑《ほほえ》んだ。

言われるがままに廊下の角を曲がると、私は思わずギョッとして後ずさってしまった。廊下の行き止まりには確かに彼の弟が立っているのだが、運動で引き締めていた身体は贅肉《ぜいにく》がついて大きく膨《ふく》れ上がり、直立したまま、その巨躯《きょく》を小刻みに揺らして、壁に向かって何かをぶつぶつと呟いている。

言葉を失っている私の耳元で、「こいつの強迫神経症がすっかり悪化しちゃって」と、和行君の面白がっているような囁《ささや》きが聞こえる。

私が震え声で、「弟さん、昔はあんなに元気そうだったのに」と言うと、「違うだろ！弟は昔から強迫神経症だよっ！」と彼が大声で怒鳴った。

もう、無理だ。そう思った私は、彼から事情を訊き出すことも、何かを説得することも諦めて、早々に彼の家から退散した。

それからしばらく、和行君からの連絡が途絶えた。

心配ではあったが、私も連絡する気力が湧かず、数か月が過ぎた。

秋の風が吹きはじめた頃、「頼みごとがあるから、新宿駅で会えないか」と妙に明るい声で彼から連絡があった。

仕事の忙しい時期だったが、あまりに強く頼まれたので、何事かと思いながらその夜新宿駅へ向かうと、待ち合わせの改札前に彼が立っていた。

前よりもずっと血色が良くなっており、私を見ると明るい笑顔を向けてくる。

そして、挨拶もそこそこに、「お前の卒業旅行で行ったあの集落のこと覚えているか」と言い、曖昧《あいまい》に頷《うなず》く私の肩を掴むと、「あの時撮影したビデオのデータはどこにある?」と前のめりに訊いてきた。

私が「わからないけど、ビデオカメラは間宮君の物だから、あるなら彼の所だろう」と答えると、「そうか」と言って彼はしばらく俯《うつむ》いた後、何かを決心したように顔を上げると、「君にはいろいろ世話になったね」と言って右手を差し出してきた。

どうやら、握手のようである。私が彼の手を握ると、「ちょっと行ってくるよ」と軽い調子で言って、私に手を振りながら駅の人混みの中へと消えて行った。

これが、親友との最後の挨拶になった。

彼の様子が妙に気になって、後日連絡をとろうとしたが、電話をかけても、メールをしても返信がない。

心配になって大学に問い合わせてみると、確かに和行君は編入していたが、少し前に自主退学しているという。バイト先のシンクタンクも辞めていたので、ますます心配になり、休日には例の団地まで訪ねてみたが、なんと部屋は空き家になっており、そこには彼の家族の姿すらなかった。

ここに至って、先日の彼との会話を思い出した。

そうだ、ビデオのデータだ。彼はあれを探していた。

卒業以来初めて間宮君に電話をすると、彼は何かを予感していた様子で、私が話す経緯をひとしきり聞いた後、「確かに彼は連絡をしてきた」と言う。

日付けを聞くと、私と別れたすぐ後に、間宮君へ電話をかけたことがわかった。

そして、「旅行のビデオのデータはないか」と、しつこく尋ねてきたという。

「ない、と答えたよ。正確には、もう捨てたんだけどね。彼はどこかへ行くみたいで、そのためにはビデオが必要なんだと言っていた。でも、僕はあの集落とも、君たちとも関わりたくないから、とにかく持っていないとだけ伝えたよ」

間宮君は、厭そうな声でそう言った。

そして、「お前には言うよ。捨てたのには、理由があるんだ」と話してくれた。

帰ってからしばらくして、ビデオを再生して観たんだ。妙な旅行だったしね。

改めて観たら、春の緑が美しい綺麗な場所だったよ。

気味が悪いと言いながら歩いていたのがまるで嘘みたいで、日本も昔は、どこもこんな雰囲気だったのかな、なんて思えるくらいに、のどかな景色が広がっていてさ。

海岸では親子が楽しそうに水遊びをして、その横ではお爺さんが漁船を掃除してる。寺の境内では、一服しながら談笑する人たちがいて、民家の縁側には子どもが腰掛けてうとうとと昼寝をしている。

そんな、小さな集落の平和な日常が映っていたんだよ。

わかるか、映っていたんだよ。


語気を強める間宮君の剣幕に、意味がわからずポカンとしていると、彼は暗い声で、

「なあ、俺たち、あの日誰にも会わなかったよな」と言った。

そうだ。その通りである。

言葉の意味に衝撃を受けていると、「お前たち二人は、映っていなかった」と続けた。

「俺はずっと二人の後を付いて撮っていたんだぞ。それなのに、お前らは二人とも、ただのひとコマも映ってないんだ。歩いている風景だけは、記憶とまったく同じなのに」

と声を震わせた。


ビデオに映る人の営みは自然で、あれが幽霊だとか、良くないものだとかは思えない。

観ればわかる。あれは本物の映像だ。

でもな、そしたら俺たち、いったい何処《どこ》を歩いていたんだ。

俺たちは何処に居て、何を見ていたんだ。

最後に、「二度と連絡しないでくれ」と言って間宮君は電話を切った。


数年後、宛先人不明の手紙が、一度だけ郵便受けに入っていた。

切手も消印もないから、直接投函したのだろう。

和行君と覚《おぼ》しき筆跡で、一文だけ記されていた。

「還りて　夜をゆく」と。

それきり、彼から連絡が来ることは二度となかった。

私の願望なのだろうか、いつか彼に逢える気がしていた。何事もなかったように姿を見せてくれるのではないかと。

今ならわかる。私にとって、彼との時間は青春時代そのものだった。彼は誰よりも自分の心に正直で、世の役に立ちたいという本物の情熱があった。彼と居れば、僕はいつまでも夢の続きが見られるような気がしていたのだ。

行方知れずになってちょうど十五年が経った夏、私は最後に一度だけ和行君の行方を捜《さが》してみることにした。

私は久しぶりにあの集落を訪れた。

集落と海を一望できる場所には、整備された展望台が出来ている。上から見える風景はあの日のままだが、古墳群は野ざらしのまま風化して、山の岩と同化しつつあった。あんなに不気味に思えた海岸は、真夏の太陽の下でキラキラと輝き、ダイビングに興じる若者たちの姿が眩《まぶ》しかった。

記憶は曖昧だが、おそらくこの民宿だったはず、という場所はまだあった。道行く人に聞くと、和行君の苗字とは異なるが、その家系の親族が経営している民宿だという。

やはりなんらかの因果はあるのかもしれないと得心しつつ、「では○○家はどこに」と尋ねると、「もうその名は絶えて、この集落には居ない」と言われた。

果たして、小さな集落を巡ってみたが、彼の名字はどこにも見当たらなかった。寺を訪れて墓を探したが、墓移しをしたのか、それとも最初から存在しなかったのか、彼が手を合わせていたはずの墓石はどこにもなかった。

結局、彼の気配を残すものはどこにもなかった。彼の家系の痕跡すらも。

ただ、かつて彼の名字の家があったことだけは確かだった。

本当に、それだけしかわからなかった。

肌を刺す太陽の下、私は薄ら寒さを感じながら集落を後にした。

帰り道、胸のうちに、彼とはもう二度と逢うことはないのだろうという、不思議な確信がこみ上げてきた。

今でも時折、彼の行方に思いを馳せることがある。

友よ、君はいま。どこに還りて、夜をゆくのか。

一番の親友

咲紀《さき》さんは中学生の頃、幽霊の姿が見えるうえに、人に憑《つ》いている悪いモノまで除霊出来るということで、学内では有名な霊感少女だった。

生徒からはひっきりなしに相談があり、時には教員や生徒の父兄からもこっそり相談を受けるほどで、友人や取り巻きのたくさん居る人気者として過ごしていた。

勉強も出来て成績の良かった咲紀さんは、高校は県内一の進学校へ入学したのだが、頭が良くて理屈も得意な同級生に囲まれると、咲紀さんの「霊感がある」という言葉は、途端《とたん》に軽蔑《けいべつ》と嘲笑《ちょうしょう》の対象へと変わってしまった。

「幽霊が着ている服は魂で構成されているの？」

「目で見えるってことは、幽霊も光を反射する素材で出来てるんだよね？」

などと茶化され、馬鹿にされるのはまだいいほうで、「アタマおかしいんじゃないの」「近寄るなよ、気持ち悪い」と露骨に嫌がる同級生も多く、中学時代の人気が嘘のように、クラスの誰からも相手にされず、一学期が終わっても友達が一人も出来ないほど、完全に浮いた存在になってしまった。

咲紀さんには、容子《ようこ》さんという小学校からの親友がいた。

中学まではずっと仲良くしていたが、別々の高校に進学すると会うのも難しいうえに、新しい学校に馴染めず孤立していることを言いたくなくて、もう三か月以上も容子さんと顔を会わせておらず、定期的に来るメールにも、あまり返事を書けていなかった。

夏休みになっても、一緒に遊ぶ友達がいない。

容子さんからは「夏休みだし会おうよ」と連絡が来たが、ずっと人気者だった自分が、今は除け者にされているのが恥ずかしく、「忙しいから……」とやり過ごしていた。

同級生に嫌われたまま三年間過ごすのかな……と憂鬱《ゆううつ》になって近所を散歩していたある日の夕方、家まで帰ってくると、玄関近くで容子さんが待っていて、手を振りながら「咲紀ちゃん！」と声をかけてきた。

「連絡くれないし、返信もないから心配になって会いに来ちゃった」と言う容子さんに、「ごめん、忙しくってさ」とかっこつけて返事はしたものの、内心では友達が会いに来てくれたことが嬉しくてたまらなかった。

中学生の頃みたいに、近所の公園のブランコへ腰掛けて、他愛もない話をする。

とても本当のことは言えないので、学校が楽しくて、友達もたくさんいて、霊感をみんなに頼られている、などと見栄を張って嘘の近況報告をしていると、容子さんが急に深刻な顔になって、「あっ、霊感といえばさ、相談事があるんだけど……」と言い出した。

「実は最近、悪い霊にとり憑かれたみたい。昔みたいに咲紀の力で祓《はら》ってくれない？」

聞いてみると、原因はわからないけれど、一日中、凄く怖い霊の気配がするので、きっと悪霊が憑いてるんだと思う、除霊して欲しい、と言われた。

友達からの頼みを受けると、まるで昔に戻ったように楽しくなり、咲紀さんはいつものように手を合わせて祈った後、エイッ、エイッと叫びながら印をきった。

そして、「はい、終わり。これでもう大丈夫だよ」と伝えると、容子さんは真剣な表情のまま、「ねえ、これって本当に除霊できてる？」と尋ねてきた。

咲紀さんは「もちろんだよ、心配しないで！」と力強く答えたが、容子さんは眉をひそめた難しい表情を浮かべ、そのまま下を向いてしまった。

しばらく俯《うつむ》いていた容子さんだが、意を決したように顔を上げると、咲紀さんの目を真っ直ぐ見つめながら、「それは、嘘だよね」と言った。

「どうして咲紀は、そんな嘘つくの？　そんなことをしたって、もう子どもの頃みたいに、誰もチヤホヤしてくれないよっ！」

容子さんは吐き出すように早口でまくし立てると、最後にぽつりと呟《つぶや》いた。

「咲紀ちゃんはすごく優しい人だから、普通でいいんだよ」と。

親友の容子さんにまで、同級生と同じように嘘つきと言われたので、咲紀さんカッとなって「嘘じゃないっ!」と、公園に響き渡る大声で叫んだ。

すると容子さんは、寂《さび》しそうに微笑《ほほえ》みながら、「嘘でしょ。だって除霊できてないよ」と言って、そのままスウッと姿を消した。

後には、誰もいないブランコだけが、ギィギィと軋《きし》む音を立てて揺れていた。

自宅に帰ると、母親から、容子さんが亡くなった、と聞かされた。

容子さんはその日、ピアノ教室へ通う途中で事故に遭って命を落としたのだという。

友達の出来ない自分のことを気遣って、最期に会いに来てくれた親友の気持ちが嬉しく、だからこそ本当に悲しくもあり、咲紀さんはそれ以来、霊感があると嘘をついて人の気を引くことをやめた。

二学期になり、秋も終わる頃には、クラスに馴染んで、友達も出来た。

「でも一番の親友は、いつだって容子なんです」咲紀さんはそう言って微笑んだ。

愛犬

犬が大好きな亮子《りょうこ》さんは、中学生になった時、父親が一軒家を購入したのをきっかけに、「うちでも犬を飼いたい」と両親に懇願した。

責任感が強く、約束を守る亮子さんだったからだろう、「私がきちんと面倒をみる」という彼女の言葉を両親も信じ、生後間もない柴犬を家へ迎えて、ジョンと名付けた。

亮子さんはジョンの面倒をきちんとみた。学校へ通って、部活に打ち込み、帰宅後は勉強もしたうえで、それでも朝は六時に早起きしてジョンを散歩に連れて行った。

ジョンはとても賢い犬で、家族の誰かに辛いことや悲しいことがあると、その雰囲気を鋭く感じとって、横へ来てぴったりと寄り添ってくれる。そんなジョンを家族の皆で可愛がり、亮子さんは多感な十代を愛犬と共に成長していった。

大学を卒業後は、就職を機に実家を出て独り暮らしをはじめたので、ジョンとは離れて暮らすことになったが、それでもなるべく週末は実家へ戻り、ここ一年、病気で身体が弱ってきたジョンと、少しでも多くの時間を過ごすようにしていた。

食品メーカーに就職した亮子さんは、仕事熱心で同僚からの信頼も厚く、入社二年目の新人ながら、徐々に大事な仕事もまかされるようになっていた。

ただ、仕事が順風満帆な一方で、私生活では、ここ半年ほど、ストーカーらしき人物から嫌がらせを受け続けていた。

誰かが、あちこちの公衆電話から、亮子さんの携帯へ無言電話をかけてくるのだ。怖くなって公衆電話からの着信には出ないようにすると、今度は携帯の留守録機能へ十数件ものメッセージを残すようになった。やはりこちらも無言である。

亮子さんは営業職なので、取引先から携帯に連絡が来ることも多く、頻繁《ひんぱん》に番号を変えるわけにはいかない。仕事の連絡が留守録メッセージに残されていることも多く、無言電話が気持ち悪いからといって、録音を聞かずに消すことも出来なかった。

やがて嫌がらせはエスカレートして、二か月ほど前からは、亮子さんの住むマンションの部屋の扉へ、マジックで卑猥《ひわい》な悪戯《いたずら》書きをされるようになった。

身の危険を感じた亮子さんは警察へ相談したが、被害届を受け付けた担当者からは、「また何か起きたら来てください」「巡回するように伝えてます」と言われるだけで、真剣に取り合ってもらえない。管理会社に相談しても、「恋愛沙汰は当事者同士で解決してほしい」と痴話喧嘩《ちわげんか》扱いをされてしまった。

さらに困ったことに、隣の部屋には三人家族が暮らしているのだが、年頃の娘がいるため、卑猥な落書きに母親が過敏に反応して、悪戯をされる度に、被害者であるはずの亮子さんへ苦情を言ってくる。

事情を説明しても、「あんたが男と揉《も》めたせいでしょ」と亮子さんが悪者にされ、最近では顔を合わせると、「迷惑だから早く引っ越してよ！」と面と向かって怒鳴られる。

思い悩んだ末、亮子さんは嫌がらせするストーカーを自分で捕まえようと考えた。

相手は、自分が働きに出ている平日の昼に訪れて落書きをしていく。

ならばこっそりと会社を休んで、留守のふりをして待ち構えてやろうと思い、上司に「風邪をひいて高熱が出た」と人生初の仮病の連絡をすると、窓にカーテンを引いて、部屋の電気を消し、玄関前に陣取って男が来るのをじっと待ち構えた。

夕方の十六時過ぎ、廊下に足音が鳴ると、亮子さんの部屋の前でピタっと止まった。

そっとドアスコープを覗《のぞ》くと、増岡さんという会社の先輩が立っている。

優しく実直な人柄で、同僚からの評価も高い。

えっ、この人が？　と戸惑っていると、ブーーッとインターホンのブザーが鳴った。

おそらく、家に人が居ないか、確かめているのだろう。

物音を立てないよう静かに外を覗いていると、ガサガサと手に持ったビニール袋から、増岡さんが一本の黒いマジックペンを取り出すのが見えた。

間違いない、犯人だ。そう確信して、亮子さんは玄関の扉をサッと開けた。

外では、増岡さんが「あれっ？　いたの？」と驚いた顔をしている。

亮子さんは素早くカメラを向けて、ペンを持った増岡さんのことを写真撮影すると、「嫌がらせの証拠写真、撮らせてもらいました！」と怒鳴った。

亮子さんの迫力に言葉を失ったのか、増岡さんは廊下に立ち尽くしていたが、やっと口を開くと、真っ赤な顔で、「僕はただ心配なだけで……」とモゾモゾと言った後、そそくさと逃げるようにその場を立ち去ってしまった。

さて、犯人はわかった。

増岡さんは外回りの営業なので、その合間を縫って訪れていたに違いない。部署の人から「増岡さんが飲み会で、亮子ちゃんのこと『真面目で可愛くてタイプ』と言ってたらしいよ」と聞かされたことを思い出し、一方的に好かれていたのかと怖くなった。

犯人が会社の同僚だったので、今後の対応に迷った亮子さんは、同期入社の春樹さんへ相談してみることにした。正義感が強く、熱血漢の春樹さんとは、入社時から気が合って懇意にしており、仕事の悩みなども、お互いによく相談し合う仲である。

話を聞いた春樹さんは、警察への通報を勧めてきたが、亮子さんが躊躇《ためら》っているのを感じとると、「まずは本人に嫌がらせはやめるよう伝えてはどうか」と提案してくれた。

そのうえで、逆上して暴力的な態度になる危険性があるので、話をする際には、春樹さんもその場に同席をしてくれるという。

早速、亮子さんは翌日の昼休みに増岡さんを喫茶店へ呼び出すと、春樹さん同席のもと、二度と嫌がらせはしないこと、次に何かしたら必ず警察に行くことをきつく伝えた。

だが増岡さんは、謝るどころか、自分は嫌がらせなどしていない、と強く否定した。

あの日も、亮子さんが病欠と聞いて心配になったので、社員名簿で住所を確認して、外回りのついでにお見舞いへ寄っただけである。手にしていた袋にはコンビニで買った栄養ドリンクが数本入っており、本当は部屋を訪ねて直接渡そうと思っていた。

ただ、インターホンを鳴らしても出てこなかったので、同じくコンビニで調達したマジックペンで、お見舞いに来たことをメモに一筆書き添えたうえで、ドアノブに袋をかけて帰ろうとしていただけだ、と必死に訴えかけてくる。

正直なところ、亮子さんとしては、もう二度と嫌がらせをしなければ、やったことを認めなくてもいいし、謝ろうとしなくても良かったのだが、同席していた春樹さんの癇に障ったようで、「苦しい言い訳ばかりして、男らしくないぞ！」と、増岡さんの襟首を掴《つか》んで怒り出してしまい、近くにいた店員に注意されそのままお開きになった。

ただ、会社に近い喫茶店だったので、運悪く少し離れた席には同僚が座っていたようで、男二人が亮子さんを取り合った末に、最後は春樹さんが先輩へ暴力をふるおうとしていた、という変な噂が社内に広がってしまった。

仕方なく、亮子さんと春樹さんは、身近な同僚には事の経緯を説明したのだが、増岡さんは周囲の信頼が厚いため、ほとんどの同僚が「嘘をつくな」と信じてくれず、社内における二人の旗色は悪くなる一方であった。

やがてこの話は上司の知るところとなり、亮子さんは上司と労務担当の役員から会議室へ呼び出され、本当に嫌がらせを受けていたのか聞き取り調査をされることになった。

亮子さん、春樹さん、増岡さんは三人とも調査を受けたが、会社が出した結論は、亮子さんの誤解であり、嫌がらせは存在しなかった、というものであった。

男社会の中では、セクハラをされた側が悪者にされるのか。

これまで仕事を大切にして、懸命に働いてきた結果がこれかと思うと腹立たしくなり、亮子さんは退職届を出すと、そのまま会社を辞めてしまった。

話を聞いた両親も一緒になって怒ってくれて、次の仕事が見つかるまで、実家でゆっくりすればいいと慰められたので、亮子さんは嫌な思い出ばかりのマンションを引き払って、しばらく実家暮らしをすることにした。

実家には、大好きなジョンがいる。

愛犬との生活は、会社に裏切られた亮子さんの傷心を大いに癒《いや》やしてくれた。

一方、会社内では、亮子さんが辞めたことで、「上層部が部下のセクハラを揉み消して、頑張っていた新人の女の子が退職させられた」という噂が急速に広がっていった。

それに呼応して、春樹さんも周囲の同僚に再び事の経緯を必死に訴えると、徐々に形勢が逆転していき、「増岡さんが、新人の子を可愛いと言っていた」という証言も相次ぐ頃には、「増岡さんがストーカーをしていた」という話を皆が信じるようになっていた。

被害者の亮子さんはもう退職しているので、増岡さんが会社から処罰を受けることはなかったが、同僚からは「恥ずかしくないのか」と日常的に責められるうちに居づらくなってしまい、結局、増岡さんも会社を辞めてしまった。

春樹さんからその話を聞いて、少しは溜飲の下がる思いをした亮子さんだったが、話はこれで終わらなかった。

増岡さんが、亮子さんの実家へ姿を現すようになったのである。


どうやって実家の住所を調べ出したのかはわからない。

ある朝、亮子さんがジョンを散歩へ連れて行こうと玄関を開けると、そこに増岡さんが立っていて、「やっと会えた！　僕の話を聞いてほしい」と話しかけてきた。

退職後は生活が乱れているのか、顔色は悪くて、表情に生気もなく、無精ひげが伸びて酷《ひど》く荒《すさ》んだ雰囲気だが、目だけは爛々《らんらん》としていて気味が悪い。

そして、「確かに君のことは好きだったけど、嫌がらせなんてしていない。信じてくれ！」と唾を飛ばして叫び、亮子さんの腕をぐっと掴んできた。

突然のことに驚いた亮子さんが悲鳴を上げると、父親が飛び出してきて「帰れ！」と追い払ってくれたが、それからも増岡さんは連日のように、亮子さんの家族が住む一軒家へ現れた。いくら家族が帰るようにと怒っても、「亮子ちゃんに会わせてほしい」の一点張り。

退職のきっかけになったストーカーである。直接会えば何をされるかわからないので、増岡さんが来ると家族はすぐに通報するのだが、警察官に注意されてしぶしぶ去っても、翌日にはまた姿を現して、「会わせてくれ」「話を聞いてくれ」を繰り返す。

こんなことが一週間以上続き、呆れた警察官に「次は警告では済みませんよ。明日からは巡回するので、見かけたら連行します」と、増岡さんはきつく言い含められた。


さすがにもう来ることはないだろうと、亮子さんが安心して眠ったその夜。

ワン！　ワン！　ワン！　と外からジョンが激しく吠える声が聞こえてきた。

さらに、うわっ、という男の叫びや、キューン、という犬の苦しそうな声が聞こえる。

時計を見ると、夜中の二時過ぎ。

こんな時間に何事かと庭へ出てみると、犬小屋の近くでぐったり横たわるジョンと、すぐ横に茫然と立ち尽くす増岡さんの姿があった。

飛び出してきた父親が通報し、ほどなく増岡さんは住居への不法侵入で逮捕された。

後に聞かされたところによると、明日から巡回すると警察に厳しく言われた増岡さんは、それならば余計に今夜のうちに会わなくては……という思いが募ってしまい、亮子さんの実家へ忍び込んだ。

だが、庭には犬がいた。同居するアレルギー体質の祖母を気遣い、温暖な季節については、ジョンは家の中ではなく、庭の犬小屋でリードを付けて飼われていたのである。

庭の石塀を乗り越えて侵入した増岡さんは、駆け寄ってきたジョンに激しく吠えられたが、それでも無理に家へ行こうとすると、今度は足首に思い切り噛みつかれた。いったんは振り解いたものの、またすぐに飛びかかろうとするジョンが怖くなり、思わず蹴り飛ばしてしまった。勢いがついて、そのまま吠えなくなるまで蹴り続けていたら、気づくとぐったりして動かなくなっていた、ということらしい。

亮子さんが傍《そば》へ駆けつけた時、ジョンはすでに息を引き取っていた。

柴犬なので身体が大きいわけではないのに、侵入者へ果敢に立ち向かってくれた。ジョンが吠えて、噛みついて、足止めをしてくれなかったら、自分の寝床まで増岡さんが忍び寄っていたかもしれない。もしそうなったら、果たして何をされていたか。

増岡さんが逮捕された時、ポケットにハンマーを所持していたと聞いて、「ジョンが私を守ってくれた、ありがとう、ありがとう……」と、亮子さんは感謝で涙した。

増岡さんの罪状は、住居侵入と器物損壊。

家族同然のジョンを殺されても、相手が問われるのは「他人の持ち物を壊した罪」でしかないと知り、さらに悲しみと怒りが深まると共に、この程度の罪状でかつ初犯であれば、増岡さんは執行猶予がついて事実上刑務所に入ることはないと知ると、また自分を狙ってくるかもしれないという恐怖も湧きあがってきた。

このまま実家に住み続けるのも危険だが、一人暮らしをするのもいざという時に危ない。家を手放し、土地を売って、家族全員で別の場所へ引っ越そうかと真剣に話し合っていたが、そんな折、増岡さんの母親から連絡があった。

保釈された増岡さんが、自宅で首を吊って亡くなったという。

彼の母親からは、「この度は大変なご迷惑をおかけしました。罪をつぐなうこともなく、このような幕切れになり誠に申し訳ございません」と悲痛な声で謝られた。

数日後、彼の母親から「息子が残した亮子さん宛ての遺書がある」と郵送されてきた。

遺書には、亮子さんのことが在職中から好きであったこと、自分はストーカーまがいのことをしたつもりはないが、それでも自分のせいで亮子さんが退職して申し訳なかったこと、そうした気持ちを伝えたいあまり自身の精神も不安定になり、迷惑も省《かえり》みずに家へ押しかけたり、さらには亮子さんが大切にしていた犬を殺してしまったことについて、何度も謝罪の言葉が書かれていた。

そして、あの出来事以来、殺してしまった犬の鳴き声が消えず、ずっと耳元で犬が吠えている気がして、夜も寝付けなくなってしまった。朝晩を問わず犬が吠えているので、もう耐えられない。この罪は、自ら命を断ってお詫びします、と締め括《くく》られていた。

手紙を読んだその夜、亮子さんが床について寝ようとすると、ベッド脇の暗がりの中で、黒い塊がモゾモゾと動いていた。

亮子さんが驚いて固まっていると、黒い塊は首をもたげて、ワンッ！　と吠えた。

ああ、ジョンだ……。

亮子さんの目から、涙が溢《あふ》れ出た。

偉いね、ジョンは、自分を殺した相手に、ちゃんと仇《かたき》を討ったんだね。

そして、あの男が来たらどうしようと怖がっている私のために、頑張ってくれたんだね。

「これからも、ずっと傍に居て私を守ってくれる？」

亮子さんがそう訊くと、黒い塊はまた大きく、ワンッ！　と吠えた。

それ以来、ジョンは亮子さんの側にいて、危険や悪事から彼女を守ってくれるという。

飲酒運転の車が、歩道に立つ自分へ突っ込んできた時。

実家の古い湯沸かし器が、壊れてガス漏《も》れしていた時。

新しい就職先で、初めてまかされた大切な仕事で、大失敗をしそうになった時。

友達だと思っていた人に、酷い嘘をつかれていた時。

数え上げればキリがない。

そんな時、いつも亮子さんの耳元で、「ワンッ！」というジョンの声が聞こえる。

二人きりになると、時々、ジョンは黒い霧のような姿で現れるので、いつもありがとうね、と頭を撫でてやると、嬉しそうにクーーンと喉を鳴らす。

亮子さんは、そんな生活を今も続けているそうだ。

「でも恋愛はうまくいかないんです。ジョンが相手の嘘をすぐに教えてくれちゃうから。私、会社を退職した後、相談に乗ってくれていた春樹さんと恋人同士になったんです。辛い時期だったけどずいぶん励ましてくれて、そのことは今でも感謝してます。

婚約して同棲までしたんですけど、彼はなかなか結婚に踏み切ってくれなくて。なんだかぎくしゃくするうちに、彼には他に好きな人が出来て浮気されちゃいました。ある晩、机の上に置いてある彼の携帯に、ずっと誰かから着信があったんです。最近様子がおかしいので、もしかしたら浮気してるのかな、と直感して。そしたらいつの間にか横にジョンの姿があって、携帯に向かって、ワンッと何度も吠えたんです。だから携帯をこっそり覗いたら、やっぱり他の女の人からでした。寝ている彼を起こして問い詰めたら、あっさり『ごめん』と浮気を認めました。三年も付き合って結婚の約束までしていたのに、それで終わりです。次に付き合った人も、その次の人も、いつもジョンが教えてくれるから、相手の裏切りがすぐにわかってしまうんです。最近ではもう、恋人がいらなくなりました。どうせまた嘘をつかれるんだろうなって。でも私には、ずっと側にいて、ずっと守ってくれるジョンが居るからいいんです」

亮子さんは少し寂《さび》しそうに笑いながら、愛犬への想いを語ってくれた。

さて、私は亮子さんの話を聞いた後、彼女を紹介してくれた知人の春樹さんへ連絡をとり、「とてもいい話だったから紹介してくれたのは感謝するけど、婚約者を裏切ってあなたも酷いことしますねえ」と言ったところ、彼は「確かに浮気したので、僕が良くないんです。でも亮子は何もわかってないんですよ。聞いてください」と話しはじめた。

最後まで亮子には言えなかったけど、あのストーカー、実は僕なんです。

同期入社した彼女は、明るくて、可愛くて、仕事も熱心で優秀で、仲良くはなったものの、自分と釣り合う相手じゃないような気がして、好きだと告白出来ませんでした。

そうするうちに、なんだかモヤモヤした気持ちが募って、毎日苦しくて。

どうしても声が聞きたくなって、夜中に思わず電話しちゃった日があるんです。

その日は携帯を会社に忘れて酒を飲んでいたので、公衆電話からかけました。

でも電話口に彼女が出たら、言葉が出なくて無言になってしまった。

無言電話をしているから当然なんですけど、彼女が凄く怯《おび》えている雰囲気が伝わってきて、その瞬間、胸のモヤモヤがスッと晴れたんです。

いけないとは思いつつ、彼女への想いが募る度にかけてしまいました。自分の電話に怖がっている時は、自分のことを見てくれているような気持ちがして。

もっと怖がらせたい、そんな気持ちから、営業の外回りの合間に、彼女の家に落書きもしました。エスカレートする自分が怖かったけど、やめられませんでした。

そしたら突然、彼女から「増岡さんにストーカーされてる」と相談を受けたんです。自分自身、いつ捕まってておかしくないし、そうなったら会社もクビになる、と思いつつ、どうしてもやめられなかったので、彼女が誤解しているのを知った時、増岡先輩には申し訳ないけれど、このまま彼に罪を被《かぶ》せてしまおうと思いました。

あとは、彼女に聞いた通りです。僕に濡れ衣を着せられた先輩はすっかりおかしくなって、今度は彼が本物のストーカーになってしまいました。

自分はやっていない、というのを知ってほしかったんでしょうね。あの人には本当に申し訳ないことをしたと思ってます。

ずっと罪の意識があったのか、せっかく彼女と付き合って婚約まで出来たのに、どうしても結婚に踏み切れなかった。どんどん仲が悪くなって、お互いに思いやりが持てなくなる頃、僕は別に好きな人が出来てしまいました。

浮気がバレた夜、彼女は僕が寝ていると思ったみたいだけど、実際は口喧嘩が面倒になって寝たふりをしていただけなんです。だから携帯にメールの着信が立て続けに入る音が聞こえた時、浮気相手だったらヤバいな、とは思いました。

でも放っておいたのは、僕しか知らない暗証番号でロックしてあったから、疑われても中を覗くことはできないだろうと思ったからです。

今起き上がったら、これ誰からの着信？　見せてよ！　なんて言われそうだったので、そのまま狸寝入りをしていると、急に部屋の中で「ワン、ワン」って声がしました。

彼女からジョンが側に居るとは聞いていたけれど、もちろん信じてはいませんでした。

でも薄目を開けて彼女のほうを見ると、本当に大きな黒い影がすぐ横に居るんです。

妙に不自然で、四つん這いだけど、あまり柴犬には見えませんでした。

やがて影の首がにゅーーっと伸びて、また「ワン、ワン」と鳴きました。

もう一度聞いて、ゾッとしました。

ちっとも犬の鳴き声じゃないんですよ。明らかに人間の、男性の声なんです。

首を伸ばすと、影は身体を起こして、二本足で立ちました。もう、四つ足ですらない。

背の高い影が、彼女に覆《おお》いかかるようにしながら、僕の携帯を指さして、はっきりとした男の声で、「ナナ、ヨン、ロク、サン」と暗証番号を言いました。

彼女はそれに従って、ロックを解除したんです。

浮気はバレたけど、それどころじゃなかった。

僕は確信したんです。この黒い影は絶対にジョンじゃない。おそらく、首を吊って亡くなった増岡先輩だろうな、って。だからあの人、ジョンのふりをしながら、今もずっと彼女に憑《つ》いてるんですよ。とても僕からは言えないんで、済まないけど、君から伝えてやってください。

こんな話を春樹さんから聞かされたので、後日、亮子さんへやんわりと、ジョンではないものが憑いている可能性について伝えたが、せっかく話をしたのに失礼だと大変に怒られてしまい、亮子さんとはそれきりになってしまった。

そして春樹さんは、自分がストーカーをしていたことがあると率直に告白したうえで、それでもいいと言ってくれた当時の浮気相手と結婚し、今では二人のお子さんに恵まれて、幸せな結婚生活を送っている。

子どもをよろしく

女性の労苦を、その身で体現するように生きる弘子さんの話。

弘子さんは貧乏な家に生まれ、親からの愛情にも恵まれなかったが、努力を重ねて奨学金を獲得し、なんとか大学まで卒業。大手企業への就職にも成功したが、ほどなく同僚との結婚を機に、夫の強い要望で専業主婦へ。ほどなく息子を授かり、子育てに追われながらも、しばらくは穏やかな時間を過ごした。

しかし幸せは長く続かず、夫の度重なる浮気で離婚することになり、その後はシングルマザーとして、ずいぶんと苦労をしたという。

子どものために、という一心で、慣れない水商売の仕事に就き、数年間必死に頑張ったものの、その息子は十歳の誕生日を目前にして、事故でこの世を去ってしまった。

生き甲斐《がい》だった息子を亡くした弘子さんは、すっかり魂が抜けたようになってしまい、仕事も辞めて、数か月の間は何も手に付かなかった。半年が過ぎ、このままではいけないと再出発を決意した頃には、わずかな貯金も底をついてしまっていた。

息子との思い出が残る家は辛い。まずは新居から……と思ったものの、三十代後半で、無職の女性が住める格安の物件は少ない。不動産屋を回ってもなかなか望む物件は見つからなかった。

ただ、ある街の駅前にある小さな不動産屋で、「部屋で自殺者が出たうえに、大家さんがとても変わった人でもよければ……」と、ひとつの物件を紹介された。

不動産屋の話によれば、自殺したのは大家の小学生の息子で、詳細は不明だが、周囲からの虐《いじ》めを苦にして命を断ったそうである。

大家である子どもの母親は、弘子さんと同じシングルマザーだったようで、とても我が子が亡くなった家で一人暮らすことはできなかったのだろう、ほどなく転居したのだが、家は分譲マンションとして購入していたため、賃貸の部屋として貸し出すことにした。不動産屋は、その管理をまかされているという。

子どもが亡くなったとはいえ、築年数が五年に満たない高級マンションということもあり、借り手はすぐに見つかった。

ただ、子どもを亡くしてから大家は少々おかしくなっているようで、入居者に毎日電話をしては、「子どもは元気にしてますか」「子どもをよろしくお願いします」など言うので、気味悪がって人が居着かない。

不動産屋は売却を勧めてみたが、大家はどんなに家賃を下げてもいいから、子どもとの思い出の家は手放したくない、そして、誰でもいいから、死んだ息子が寂《さび》しくないように、いつまでも人が住んでいて欲しい、と希望しているそうだ。

弘子さんが興味を持った雰囲気が伝わったからだろう、不動産屋はここぞとばかりに、「通常では有り得ない家賃でご紹介できます」と強く勧めてきた。

子どもが亡くなった家を紹介されることに、どうも厭《いや》な因縁は感じたが、それを除けば好機を逃すには惜しい物件である。

それに、子どもを亡くしたシングルマザーの気持ちは痛いほどわかるので、多少言動がおかしくても、今の自分なら許せるような気がする。

結局、弘子さんは契約を決め、その家で新生活をはじめることにした。

大家には契約の際に会ったが、気構えていた自分が恥ずかしくなるほど、ごく普通の女性であった。年の頃は三十代後半、自分と同世代だろうか、華やかな服装が似合うとても綺麗な人で、事前に聞いていたような奇矯《ききょう》な言動はまったくみられない。きっと、亡くした子どもの年齢も同じくらいではないだろうか。

静かに俯《うつむ》いて座る横顔には、未だに消えない我が子を失くした悲哀を感じて、胸の内でシンパシーを感じるほどであった。

ただ新居に住んでしばらくすると、弘子さんはこの家がおかしいことにすぐ気づいた。家の中で、常に人の気配がするのだ。

勘違いとは思いたいが、明らかに閉めたはずの扉が勝手に開いていたり、衣装箪笥《だんす》の引き出しが飛び出ていたりする。

気味が悪いので自分でもよく注意して行動するのだが、当たり前のように、そんなことが日々繰り返されていく——。

そんなある日、弘子さんが帰宅すると、寝室の床一面に洋服が散乱していた。

箪笥にしまってあるはずの衣類はすべて引き出されており、下着からパジャマまで、まるで子どもが悪戯《いたずら》したかのように、床やベッドに散らばっていたのだ。

あまりのことに呆然《ぼうぜん》としていると、突然、リリリリリ、リリリリリ、とベッド脇にある電話が鳴った。

躊躇《ためら》いながらも電話に出ると、相手は大家で、名乗った後、受話器の向こうで、クスクス、クスクス、と嬉しそうに笑っている。

そして「うちの子どもをよろしく」と陽気な声で言うと、一方的に電話を切った。

それ以来、人の気配はますます露骨になった。

箪笥の衣類は、しょっちゅう引き出される。

寝ていると、ベッドの横で誰かの息づかいを感じる。

風呂に入っていると、小さな子どもが「一緒に遊ぼう」と手で叩いているかのように、水面がパシャパシャと波打ったりする。

そして、何かが起こる度に、まるで室内が見えているかのように大家から電話がかかってくると、「うちの子は元気にしてますかぁ」「遊んでやってくださいねぇ」などと、妙に間延びした、半笑いの口調で言われるのだ。

とてもまともな状況ではないが、弘子さんはこれまでの入居者のように部屋を出ようとはせず、逆に気配を感じると、「どこにいるの？」「仲良くしましょう」と話しかけるようになった。

「亡くした息子と同世代の幽霊だから、まったく怖くなかったの。それよりも涙が出そうだった。自分の息子もいつか、こうやって逢いに来てくれるのかなって」

そう思った彼女が、頻繁《ひんぱん》に相手をするにつれ、人の気配はよりいっそう濃くなっていった。

眠る時は、毎晩ベッドの隣に居る。耳元で、スウ、ハアという、音だけの息遣いが聴こえると、彼女は「こっちにおいで」と、抱きしめるふりをしてあげる。

風呂やトイレにも付いてくる。風呂場では、浴槽の水が波打つと近くに居る証拠だ。子どもの喜びそうな玩具を浮かべてあげると、時折水に引き込まれたりして、楽しそうに遊んでいる様子が見てとれる。

彼女がテレビを観ていると、構ってもらえないことを拗《す》ねるようにスイッチが切れる。そんな時は、「ごめんね、こっちおいで」と手招きをする。そうすると、膝の上にささやかな温もりが感じられるのだ。

常人なら、とても耐えられない生活である。

でも弘子さんは、我が子との生活が戻ってきたようで、とにかく愛おしさばかりを感じていたという。

このような生活を数か月送ったある日のこと。

エレベーターで一緒になった同じフロアの女性から、「あの部屋、大丈夫ですか」と声をかけられた。

弘子さんからすれば、何を今さら、という話である。

「別に何もありませんよ」と適当に返事をしたが、女性は「ねえ、知ってます?」と言いながら、声をひそめて弘子さんへ顔を寄せてきた。

実はね、以前お宅の部屋に住んでいた人、自殺してるのよ。

売ればいいのに、母親があの部屋を人に貸すようになっちゃって。

誰が入居してもすぐに出て行くのよ。早い人だと一週間くらいで。

だってあの部屋、首を吊って自殺した息子さんの幽霊が出るって噂なのよ。

だから私たち同じフロアの人間も、ここに住むのが怖くて怖くて。

奥さん、もう何か月も経つけど、本当にあの部屋に住んで平気なの?

そんな話を聞かされても、弘子さんはよくわかって住んでいる。「へえ」「はあ」など、いい加減な相槌を打って早々に話を切り上げようとしていたのだが――。

「いい大人でも、会社で虐めとかあるんですねぇ」と女性が言ったので、エッと驚いて固まってしまった。

「お子さん、小学校で虐められていたのでは？」と聞き返すと、女性はきょとんとした顔で、「職場の虐めですよ」と返答する。

女性は何かを察した顔になり、「ああ、あの方、お若く見えるから」と大家の名前を出し、「若作りだけど、もう五十歳超えてるんですよ」と言った。

「あの方、子どもは若い頃に産んだから、息子さんも結構な歳だったんですよ。なのに、会社の女の人にストーカーまがいのことしちゃって。仕事を馘《くび》にはならなかったけど、そのことが周囲に知れて、職場で虐められるようになったんですって」

震える声で弘子さんが息子の年齢を聞くと、女性は、三十二歳、と教えてくれた。

弘子さんは、数日のうちに引っ越しを決めた。

退居をする際、亡くなったのは「小学生の息子」と言った不動産屋を問い詰めると、「入居者が怖がらないように、せめて小さな子どもが亡くなったと言ってほしい、大家さんからそう頼まれていたもので……」と、何度も頭を下げられた。

退去の日、大家からは「逃がさないわよっ」と絶叫に近い電話がかかってきたそうだが、今のところは何も異常はないそうだ。

亡くなった我が子に会いたい気持ちは、喪失感と共に溶けるように消えてしまった。後には、拭《ぬぐ》いきれない嫌悪感だけが、汚い染みのように胸の内に残っているという。

隣人奇譚

大学時代、森岡さんという妙にウマの合う友人が居た。

思ったことの大半が表情に出てしまう私と違い、いつも軽口を叩きヘラヘラと笑っているのだが、実際のところは感情の起伏を読ませないポーカーフェイスで、頭の回転が速く、本心を掴《つか》ませない不思議な人間だった。

賭け事が得意で、大学生相手の麻雀では圧勝、当時から大人に交じって雀荘《じゃんそう》の卓を囲んでおり、こっそりと違法な賭場にも出入りしていたようである。

さて、大学三年生の頃、森岡さんにはバイト先で仲良くなった競馬仲間が二人居た。一人は年上の先輩、一人は年下の後輩で、三兄弟のようにつるんでいた時期がある。

ただ、この先輩というのが酒癖が悪く、自宅で大騒ぎの酒盛りをして苦情が相次いでアパートを追い出されたり、酔った勢いで近隣の女性宅に押しかけて警察沙汰になったりと、とにかく隣人トラブルが絶えない人だった。

これは森岡さんが大学時代に聞かせてくれた、その先輩にまつわる話である。

その夜も、三人はいつものように競馬談義に花を咲かせつつ、学生街で安酒をしこたま飲んでいたのだが、ギャンブルに強い森岡さん以外は金欠に陥《おちい》っており、誰かの家でもっと安く飲もうということになった。

ちょうどその頃、先輩は三度目の引っ越しを余儀なくされており、新居のアパートに越してから一か月が経っていた。森岡さんも後輩も、まだ一度も新居に呼ばれていないので、それなら先輩の家へ行こう、という流れになった。

「実は飲みたいだけじゃなくてさ。先輩からは、新居に移ったら、なんと隣の部屋の女の子と仲良くなって、最近かなりいい雰囲気なんだ、と聞かされていたんだ。

それだけでも女の顔が見たくなるけど、反対側の隣の男に嫉妬《しっと》されて、引っ越し早々喧嘩《けんか》を売られてるとか言うわけ。ひと月も経たないうちにまた隣人トラブルとはさすが先輩、どんな具合になっているのか見たいなあ……と思ってさ」

そんな野次馬根性で押しかけた新居だが、いざ着く頃には三人ともベロベロに酔っており、いかにも貧乏学生の住みそうな安普請《やすぶしん》のアパートの階段をふらふらと上がり、二階にある先輩の部屋に転がり込んだ時には、すでに深夜一時を回っていた。

酔ってもどこか冷静な森岡さんは、ああ、こんなに酔って真夜中に来ちゃっては、このまま眠るだけか、つまらないなあ、と思っていた。

ところが、部屋に腰を下ろして間もなく、コンコン、コンコン、と左隣の部屋から壁を叩く音がする。

後輩が「モメてる奴こいつですかっ！」と、明らかに騒がしいのは自分達であることを棚に上げて叫ぶと、先輩は「ちがうよ」とニヤついて、「こっちは俺といい感じの子」と小声で言いながら、同じく、コンコン、と壁を叩き返した。

そして、「今日は友だちを二人連れてきてるんだよ」と大声で壁越しに話しかけると、「そうなんだあ。はじめまして」と、優しいおっとりとした声が返ってきた。

後輩が「こっちに来て一緒に飲みましょー」と叫ぶと、「ごめんねぇ。明日仕事だから。でもワイワイするのは気にしないから、楽しく飲んでね」と、酔っ払いを相手に優しい気遣いまで見せてくれる。

やがて先輩は、「ちょっとだけ話しませんか」と言って窓を開けて声をかけると、隣の部屋でも窓を開ける音がして、二人で楽しそうに会話をしはじめた。

森岡さんはそんな後ろ姿を見ながら、なんだよ、先輩も青春してるじゃないか……と思いつつ、ぼんやり酒を飲んでいた。

ドン！　ドン！　ドン！　ドン！

突然、今度は先ほどと反対側、右隣の壁が、揺れるほど激しく叩かれた。

そしてすぐさま、「うるせえよ！　黙れ！　喋るなって言ってるだろうが！」と、絶叫に近い男の怒号が聞こえてきた。

あまりの剣幕に後輩と顔を見合わせていると、表からバタン、バタンと扉を叩きつける音がして、ノックすらなく玄関の扉を開けて、身の丈《たけ》二メートルもありそうな巨漢が土足のまま踏み込んで来た。

巨漢は、「いい加減にしろ、この野郎！」と怒鳴りながら、先輩へ詰め寄って行く。

「隣人トラブルとか、もうそういうレベルじゃない。目つきとか本当に狂気的で、口からは泡を飛ばして叫んでいた。熊みたいな大男だったから、本当に先輩のこと殴り殺すんじゃないかって震え上がったよ」

なぜこんなに怒っているのかはわからないが、とにかく先輩の身が危ない。

最初こそ圧倒されたものの、数でいえば一対三である。森岡さんと後輩は、迫ってくる巨漢を必死に宥《なだ》めながら、「落ち着いてください」「うるさかったらごめんなさい」と懸命に頭を下げて謝った。

ただ、当の先輩はなぜか平然として、「お前に命令される筋合いはないね」などと強気に言い返すものだから、まさに火に油、巨漢の怒りはますます燃え上がった。

このまま怒らせたらまずい。森岡さんは殴られるかもしれないと覚悟を決めたうえで、「もしかして、隣の女の子のこと、好きなんですか。先輩が仲良くしているのが気に入らないなら、まずは落ち着いて話しませんか！」と叫んだ。

すると、巨漢の顔から表情がすうっと消え、初めて森岡さんのほうに顔を向けると、「隣の子って、お前、知ってるのか……？」と聞いてきた。

「今日初めて会いましたけど、とても感じのいい方じゃないですか。あんまり怒鳴ると、女性には嫌われちゃいますよ」と森岡さんが言うと、「ホントに優しそうな子ですよ！怖がらせちゃダメです！」と後輩もかぶせて言ってくる。

巨漢はそれをなんとも言えない表情で聞いた後、「そうか……」と小さく呟《つぶや》いた。

そしてポツリと、「隣の女性って、お前らみんな知ってるのか？」と真顔で聞いてくるので、森岡さんたちは、「当然でしょう、知ってますよ」と返事をすると、巨漢はそれきり沈黙して、石のように動かなくなってしまった。

困惑して三人が顔を見合わせていると、コンコン、とまた女の子の部屋からノック音がして、「あの、大丈夫ですか？　警察呼びましょうか？」と心配そうに声をかけてきた。

それを聞いた巨漢は、急に「ひいっ」と息を呑むと、「おじゃましました」とお辞儀をして、真っ青な顔で部屋から出て行ってしまった。

「なんなんだよ」と全員呆気にとられたが、ともかく隣人の怒りは静まったようだ。

仕方ない、気分を変えてもう一度酒盛りしよう、ということになった。

先輩はまた窓から顔を出し、「うるさくてごめんね～」と甘えた声で隣へ呼びかけると、隣室からも「ううん、平気だよ」などと返事があり、再び女性と会話をはじめた。

確かに、これはいい雰囲気だ。先輩にもやっと春が来たか。

緊張の解けた後輩は、酔いに負けて、すでにうつらうつらと船を漕ぎはじめている。

森岡さんは手元のウオッカのオレンジ割りを飲みながら、二人を心地良く眺めていた。

——その瞬間。

森岡さんはハッと気がついた。

どうして、今まで思い至らなかったのか。隣の男が怒るのも当然だ。

これは、ヤバい。早くここから逃げなくては。

「本当は走って部屋から飛び出したかったけど、後輩を置いて行くわけにはいかなくて。

先輩には、こいつ具合悪そうだから、迷惑かけるのも悪いのでもう連れて帰ります、と無理に言い訳して、嫌がる後輩を引きずりながら部屋出たよ」

外に出ると、後輩は「なんなんスか。一人で帰ってくれよぉ」と千鳥足で絡んでくる。

「すぐに立ち去りたかったのに、後輩が帰りたくないとしつこくゴネるんで、仕方なくその場で教えてやったよ。女の子の声がしている、隣の部屋を見てみろって」

森岡さん曰く、その時の仰天した後輩の顔は、今でも脳裏に焼きついているそうだ。

それもそのはず。先輩の部屋は、アパート二階の一番奥、角部屋に位置する。

女性の声がした部屋など、どこにも存在しない。

先輩の部屋の左隣には、何もない空間が広がるのみ。

近くに隣り合った家などもなく、下を見れば小さな原っぱがあるだけだった。


その後も先輩は何事もないかのように酒を誘ってくるので、一度だけ乾杯したのだが、「隣の子と正式に付き合うことになった」と嬉しそうに報告されたため、すっかり気味悪くなり、以来何かと理由をつけては、もう二度と会うのはやめることにした。

大学時代、この話を聞かされた私は、ぜひそのアパートに行きたいと森岡さんに頼んでみたが、その時は「絶対に嫌だ」と断られた。

いつもヘラヘラ笑う彼の顔から表情が消え、暗く沈んだ目でこの話をするので、あまり何度もこの話を蒸し返すことも出来ず、そのままお互いに大学を卒業してしまった。


実はこの話には、後日談がある。

私が卒業して五年目、大学の同窓のメンバーで、OB会が開かれたことがある。

私は当時雑誌の記者をしており、あまりにも多忙なため参加を見合わせようと思っていたのだが、断りのハガキを送ると、幹事メンバーの一人である森岡さんからメールが届き、「ぜひ話したいことがあるから参加して欲しい」と頼まれた。

社会人になってからは、一、二度しか顔を合わせていない。森岡さんは通信系大手の会社に就職して、お互い環境も変わり縁遠くなったのは確かだ。そんな彼から「ぜひ」と頼まれたので、いったい何事かと必死に予定を調整して、OB会へ顔を出した。

集まった同級生たちとひとしきり乾杯して、近況を報告し合ったところで、森岡さんに「ところで、何か話があるってことだけど」と切り出すと、にわかに彼は深刻な表情になって「これを見てくれ」と一枚のハガキを取り出した。

見せられたのは、結婚式の招待状だったが、書かれた名前に覚えがない。

すると森岡さんは、「覚えているか？　先輩のアパートの話」と暗い声で呟いた。

とても印象的な話なので、もちろん忘れたことなどない。

そう言うと、森岡さんは「実はな……」と後日談を話しはじめた。


三か月程前のこと。森岡さんの元に結婚式の招待状が届いた。

名前を見れば、新郎は例の先輩であった。付き合いをやめてもうずいぶんになるし、遠ざけたのは自分のほうだ。それなのに、わざわざ結婚式に呼んでくれるのかと懐かさが込み上げて、「参加」で返事を出したという。

するとほどなく、先輩から電話がかかってきた。森岡さんはずっと実家暮らしなので、ハガキも届くし、電話番号も昔のままだが、それでも急な電話には驚かされた。

「先輩は相変わらずの雰囲気でね。何もなかったみたいに、よう元気か、なんて言うから不思議な気分になったよ。自分の近況を話してから、先輩は？　って聞いたら、未だにバイト生活だけど、賭け事はやめて、今は婚約者一筋で頑張ってる、と言ってた」

婚約者との出会いや、どんな人なのかを聞くと、「実は今日電話したのはそのことで」

と切り出され、どうやら先輩は森岡さんに彼女を紹介したい様子である。

忙しいからと断ろうとしても、半ば強引に約束させられ、結局、次の日曜に森岡さんが良く訪れる代官山の喫茶店で顔合わせをすることになった。

約束の日、森岡さんは休日にもかかわらず、急ぎ対応しなくてはいけない仕事があり、待ち合わせ時刻に一時間以上遅れて到着した。すると、小綺麗な喫茶店のテラス席に、明らかに異様な格好の男が二人、周囲の目を集めながら陣取っているのが見えた。

まさか……と思って近づくと、「おーい。久しぶり」と手を挙げて呼びかけられた。

近づくとやはり先輩であったが、古布を集めて下手くそな裁縫《さいほう》で貼り合わせたような、間違いなく自作であろうシャツと短パンを穿いている。

ボロ布で作ったパッチワークのような服なのだが、色彩や形の組み合わせがなんともいえず不気味であり、しかも風呂に入っていないのか、饐《す》えた臭いが漂《ただよ》ってくる。

あまりの異様さに挨拶の言葉も浮かばなかったが、先輩はそんな森岡さんにお構いなしで、自分の横に座る男性を、「こいつ覚えてる？　今では親友なんだ」と紹介してきた。

見れば、先輩と同じような継ぎはぎの服を着ており、やはり酷《ひど》く変な臭いがする。

そして、華奢な先輩の二倍はある体格をした、レスラーのような巨漢であった。

森岡さんが、まさか……と思っていると、「ほら、昔ウチに怒鳴り込んできたことあるじゃない。お前らが新居へ来た時」と言いながら、先輩は懐かしそうに笑った。状況が呑み込めず困惑していると、巨漢からは「杉山です」と丁寧な挨拶をされた。驚愕している森岡さんへ、「あの喧嘩が縁でいつの間にか大親友になってさ。そのうち俺の彼女とも仲良しになって、今ではこいつ、彼女の友だちと付き合ってるんだよ。ダブルデートもよくするから、実は結婚式も合同でやるつもりなんだ」と、先輩はますます驚くような発言をした。

にわかに厭な予感がしたので、「あのう、結婚相手というのは……」と訊いてみると、先輩は嬉しそうにしながら、「一度会ったよね、アパートの隣の部屋の子だよ。実は俺たち、今でもあそこに住んでるんだ」と言い、巨漢と顔を見合わせながら微笑《ほほえ》んだ。

「ところで、その彼女さんはどこに……」と森岡さんが恐るおそる尋ねてみると、先輩は「紹介したいんだけど、どちらの彼女も都合悪くってさ。だから今日は、親友のこいつだけでも紹介しようと思って連れてきたんだ」とにっこり笑った。

巨漢はその横で、かつての激昂《げっこう》が嘘のように、先輩と同じ静かな笑みを浮かべている。

森岡さんは二人と話しながら次第に具合が悪くなっていき、「お勘定は僕にまかせてください」と言って支払うと、会話もそこそこに急いでその場から立ち去った。

「それで、結婚式はどうしたの?」と私が聞くと、「悩んだけど、どうしても気味が悪くて行かなかった」とのこと。

ただ当日、行けなくなったお詫びをするため、ハガキにあった式場へFAXを入れたところ、すぐに先方から電話があり、「本日はこちらの方の式はご予定しておりません。ご連絡される式場を間違えています」と連絡を受けた。

先輩の名前を告げて再度式場に確認したが、前後を含めた日付でも、そのような式は予定されていないと言われてしまった。


これだけでも充分な話だが、森岡さんが「その後、先輩のアパートに行ってきた」と言うのでもっと驚かされた。

アパートは以前よりもさらに古びて汚くなっており、記憶にある先輩の角部屋と、その右隣の巨漢の部屋を訪ねてみたが、人の気配がまったくしなかった。

仕方ないので一階にある大家の家を訪ねてみると、酷く厭そうに顔をしかめながら、「あれは気味の悪い二人組だったし、なんの仕事をしているかまるでわからなかったけど、先月までは家賃をきちんと支払ってくれていた」と言う。

とはいえ、彼らは物音や臭いが酷く、アパートの住人とはトラブルが絶えなかった。大家夫婦は高齢なので、特に巨漢のほうとは揉《も》めたくない気持ちから、家賃を払ってくれている間、ほとんどの苦情は放置してやり過ごしていた。

ところが、先月、「結婚式で帰省します」と二人揃って挨拶に来てから、ぷつりと姿を消してしまい、今月の家賃が支払われないので困っているという。

大家は契約書の保証人欄に書かれた実家へ連絡したが、「ここ数年息子とは音信不通なので、そんなことを言われて困る」と冷たく応対された。

「だからさ、兄さんこそ、彼らがどこ行ったか知ってる？」と、森岡さんのほうが大家に尋ねられる始末。

「そこで大家さんに頼んで、先輩の部屋を開けてもらったんだ。もちろん、死体なんてなかったよ。むしろ、テレビも家具も何もない、空っぽの部屋で吃驚《びっくり》したよ。ただ、部屋の真ん中にちゃぶ台がひとつ置かれていて、その上に一枚、地図が載っていたんだ。見てみると、四国のとある地方の拡大地図で、どう考えても森か林以外何もないはずの山の中に、赤ペンで『×』と印が付けてあったんだ」

ええーっ、どういうことだろう、と私が当惑していると、森岡さんが急に深刻な表情で、ずいっと顔を寄せてきた。

「俺さ、印の場所に行ってみようと思ってる。話というのは他でもなくて、大学時代から事の顛末《てんまつ》を知ってるお前にも、出来れば一緒に来てもらいたいんだ」

しかし当時の私はあまりに仕事が忙しく、この宴席の都合をつけるだけでも必死の思いだったので、とてもではないが四国の山奥まで遠征する時間的余裕がない。

事情を説明し、「申し訳ない」と断ると、「そうか残念だ」と言い残して、森岡さんはすっと席を立って遠くへ行ってしまった。

結局、森岡さんとはそれが最後の出会いになった。

気づけば音信不通になり、その後のOB会で聞いた限りでは、あの夜からしばらくして会社も辞めてしまい、誰も連絡がつかなくなったという。

大学時代、あれだけ気味悪がっていた森岡さんが、なぜ四国まで行こうとしたのか。あの夜見せた薄暗い雰囲気と併せて、やはり彼のことを止めておいたほうが良かったのだろうと、今でも後悔している。

ダメかもしれない

とある男性を、喫茶店で取材した時のこと。

「最近知り合った女と、いろいろあって揉《も》めたんです。そうしたら女に『呪ってやる』と言われてしまって。それ以来、毎日どこか怪我をするようになったんですよ」

珈琲を啜《すす》りながら、男性がそんな話をしはじめたので、まず尋ねてみることにした。

「それって、紫色の服を着た女性ですか？」と。

すると男性は、「なんでわかるんですか！」と椅子から飛び上がらんばかりに驚いた。

なんで、と言われても。

通りに面した一階の窓辺の席に座り、取材をはじめた時からずっと、真横の窓ガラスの外に、貼り付くほどの近さで紫色のコートを着た女が立っている。

周囲の客や店員も気味悪そうにチラチラと女のほうを見ているので、見えているのは私だけではなさそうだ。

生きた人間だとは思うのだが、眼球がこぼれそうなほど大きく目を開き、唇を真横に固く結んだ険しい顔で、ガラス越しのすぐ横、三十センチ程度しか離れていない場所で、微動だにせず真っ直ぐ立ったまま、きつく睨《にら》むように男性のことを見下ろしている。

「ほら……窓の外」と、私が震える手でそっと女を指さすと、

「雨ですか？　いつの間にかやみましたね」と、男性はまるで女が見えていないかのように平然と天気の話をしはじめた。

私はそんな彼の横顔を眺めながら、ああ、この人はもうダメかもしれないな……と、胸の内でそうっと呟《つぶや》いた。

全身に鳥肌が立った、とある取材の思い出。

お嫁さん儀式

私が昔よく通っていた焼鳥屋の常連に紗季《さき》さんという女性がいた。

明るく人懐こい性格で、カウンターで会うとよく向こうから声をかけてくれた。常連客からは「さきぽん」と呼ばれる人気者だったが、客足の途絶えない良店だったのに、なぜか急に閉店してしまったので、もう顔を会わせることもなくなった。

飲み屋で出会う人たちは、どんなに親しく乾杯しても、店が潰れたり、引っ越しすれば滅多に会わない。

酒場のカウンターだけで会う「飲み友達」という関係は、ほどよい距離感の心地よさと、過ぎゆく者同士のもの寂《さび》しさがあっていいものだ。

だから焼鳥屋が閉店して四年以上経ってから、紗季さんから連絡があった時は驚いた。

私が怪談師になったのを知って、自分の体験談を聞いて欲しいと連絡をくれたのだ。

取材場所に選んだ居酒屋には、紗季さんともう一人、新庄さんという男性も一緒に現れて、彼ら二人が聞かせてくれたのがこの話である。

《紗季さんの話》

紗季さんは、当時二十代後半。大手メーカーに就職して、法人営業の仕事をしている。持ち前の積極性と粘り強さで、男社会の中でも一目置かれる仕事ぶりで活躍していた。

そんな紗季さんにも悩みがひとつあった。ここ数年、恋人が出来ないのである。

美人系というわけではないが、ショートカットの似合う楽しく愛嬌《あいきょう》のある紗季さんは、男性から結構好かれそうな気がするのだが、彼女が好きになるタイプというのが、穏やかで知的、少し渋みのある年上の男性らしく、彼女曰く、そうした男性はたいてい自分とは真逆の女性が好きなのだという。

ここ一年ほど紗季さんが密かに慕《した》っていたのは、新庄さんという先輩で、三十代前半の企画開発部のエース。開発が制作した商品を営業が売るので、当然、仕事で接する機会は多いのだが、会議で両部署が喧嘩腰の議論を繰り広げている時も、新庄さんは低く落ち着いた声で、理路整然と意見をまとめて、口煩《くちうるさ》い営業部長ですら黙らせる。

これで社交性が高ければ、女子社員人気の的だったのだろうが、仕事以外では無口であまり人付き合いをせず、痩《や》せて若白髪が多いので、やや老けて見える。どこか人を寄せ付けない雰囲気が女性すら遠ざけていたが、紗季さんはそんな彼が好きだった。

仕事では押しが強い紗季さんも、恋愛での成功体験が少ないせいで、とてもではないが新庄さんに想いを伝えることなど出来なかった。それでも仕事で接する中で、彼への想いは日々強くなっていったという。

大きなプロジェクトの成功を祝う宴席で、普段は飲みの席に来ない新庄さんも参加していたので、近くに座って緊張しながら皆と一緒に会話していると、年配の社員が新庄さんに「お前、ずっと独身だけど、好みの女とかいないのか」と絡みはじめる。

しつこくされた新庄さんは、迷惑そうにしながらも、「僕の好きなタイプですか……。物静かで清楚な雰囲気、あと穏やかで優しい人がいいです。見た目で言うと、長い黒髪の綺麗めな女性がいいですね」と答えたので、周囲の社員が「今どき古臭い趣味だなあ」「先輩素敵だと思っていたのに、保守的でがっかりしました」などと彼をからかう中で、紗季さんは「やっぱり私じゃなかった」と酷《ひど》くがっかりして、新庄さんのことはもう諦めようと思ったという。

そんな出来事があってから半年以上経ち、休日に紗季さんが家の近くにある大きなショッピングモールへ買い物に行くと、偶然、新庄さんの姿を見かけた。

エレベーターへ乗るところだったので、挨拶しようと急いで後を追って紗季さんも乗り込んだのだが、すぐに後悔することになった。

新庄さんは、彼の好みに合った、長い黒髪の清楚そうな女性を連れていた。

女性は親し気に腕を絡ませているので、男女の仲なのは間違いない。

スーツとは違って、派手な柄の私服だったせいか、まだ新庄さんは自分に気づいていない。恋人連れにショックを受けた紗季さんは、思わず顔を伏せてしまい、挨拶出来ないままエレベーターは三階に着いた。

エレベーターのドアが開いて、新庄さんは降りて外へ出る。紗季さんも同じ三階に用事があるので、後から追い駆けて「あっ、先輩じゃないですか！」と出来るだけ自然に気さくに声をかけようとしたのだが、ドアの入口に連れの女性が立って、自分のほうを振り返ったまま動こうとしない。

黒髪の女が、険しい顔で自分をキッと睨《にら》んでくる。

まるで、紗季さんが彼の後を追おうとしたのをわかっているかのように。

新庄さんは、横に連れがいないのに、振り向くこともなく歩き去って行く。

そして、エレベーターのドアはなぜか閉まろうとしない。

他に人が居ないので、女が自分を見ているのは確かだ。

気まずくなり顔を逸《そ》らして横を向くと、エレベーター内の背面に取り付けられている大きな姿見の鏡が目に入った。

鏡には、開いたままのエレベーターのドアが映っている。

でもそこに、女の姿は映っていない。

開いたドアの向こうには、ただ賑《にぎ》やかなショッピングモールが広がっている。

怖くなった紗季さんは、三階で降りるのをやめて、一階のボタンを押した。

すると女は満足したのか、滑り出るようにスッと外へ歩いて行き、もう遠くまで離れた新庄さんを追いかけて行くのが、閉まりかけたドアの隙間から見えた。

紗季さんは、特に霊感のある人ではない。これまで幽霊らしきものなど見たこともないし、信じたこともない。でも自分が見たものは、明らかにこの世のものではなかった。

週が明けて会社で新庄さんと顔を会わせても、ショッピングモールの件を伝える気にはならなかったが、何か良くないものが憑《つ》いているのかと思い、それから数日、会社でこっそり観察を続けたが、女が憑いている気配はまったく感じられなかった。

社則にあるわけではないが、紗季さんの会社では、慣例として、営業マンは長髪が許されていない。男性は耳にかからない長さ、女性はショートカットが定番だ。

長い黒髪が好きと言われた時点で、仕事柄髪を伸ばせない紗季さんは失恋気分になったのだが、自分のそんな気持ちがあの幻覚を見せただけかもしれない。

そう思って忘れようとしていたある晩、仕事を終えて会社から出て行く新庄さんの横に、あの黒髪の女を見てしまった。

社内に居る間は新庄さん一人だったのに、玄関を出た途端《とたん》、あの女がふっと姿を現して、彼に腕を絡ませて横をついて行く。

新庄さんが、女に気づいている様子はない。一緒に玄関を出た他の社員も同様で、どうやら見えているのは自分だけらしい。

翌日からもそれとなく注意して観察すると、会社では一切姿を見せないのだが、朝会社へ来る時には女が居て、夜会社を出るとまた現れる。

ここまでくると、見間違いや幻覚とは言えない。急にこんなことを告げられて、もの凄く嫌な顔をされるだろうとは思ったが、それでも想いを寄せている相手である。放っておくことも出来ず、昼休みに新庄さんへ声をかけて、女が憑いていることを伝えた。

すると新庄さんは驚いた顔をして、「えっ、君にも見えるのか」と言ってきた。

《新庄さんの話》

新庄さんは、街歩きが趣味である。

休日に一人であちこちへ出かけて、簡単な目的地だけをいくつか決めると、後は気ままにぶらぶらと散歩する。道すがらで、美味しそうな飲食店や、面白い物を売っている店に立ち寄ったり、雰囲気の良い路地を散策したり、寺社仏閣を参拝したりして、のんびり過ごすことが多い。

写真を撮るのも好きなので、デジタル一眼レフを片手に、散策した思い出をアーカイブとしてカメラに収めていく。

現像はあまりしないが、時々画像を見返しては、記憶が薄れないうちに、訪れた店や場所の名前をファイルに付けて、分類する作業もまた楽しい。

ただここしばらくは仕事で大きなプロジェクトがあり、それが終わるまであまりに忙しかったので、一年ほど写真の分類が出来ていなかった。

幸い几帳面な性格なので、行った場所や店名、歩いたルートは別に記録をつけてある。それと照らし合わせて写真を見返し、思い出に浸りつつ画像を分類していたのだが、ほどなく自分が写っている画像の背後に、黒い人影らしきものがあるのを見つけた。

単なる光の加減や陰影にも思えるが、気になってコントラストを調節すると、ますます人の姿に見えてくる。それも、髪の長い女に見えるので、なんだか気味が悪くなった。

一人で散策するので、あまり自撮りは撮らないのだが、それでも自分が写っていないのも記録として寂しいので、一回の街歩きで一枚は撮るようにしている。

そこで他の自撮り写真も見返してみると、撮影時は気づかなかったのだが、ここ数か月、どの写真にも自分の近くに、この黒い影が写り込んでいる。すべて画質を調整してみると、いずれも髪の長い女の姿に見えて、心霊やオカルトに一切興味のない彼もすっかり恐ろしくなってしまい、そのまま写真の整理をやめてしまった。


ある日、美樹さんという元同僚の女友達から久しぶりに連絡があった。

美樹さんは、頭が良く仕事も出来たので、周囲からは将来を嘱望《しょくぼう》されていたのだが、「こんな仕事は私の人生じゃない」と数年であっさり退職してしまい、その後は占い師を目指して勉強しているという、非常に変わった女性である。

新庄さんは信じていなかったが、美樹さんは、自分には強い霊感があって、この世ならざるモノが見えると言っており、その才能を活かすために占い師をするのだという。

お互いに好みのタイプがまったく違うため恋愛対象はならないが、おかげで不思議とウマが合い、退職後も時々連絡を取り合っては、近況報告がてらにお茶をする仲だった。

その美樹さんから、ようやく占い師の修行を終えて独り立ちを決意したので、まずは知り合い相手に練習がしたい、本当は一回五千円の見料がかかるところを、無料にしてあげるから会いに来なさい、と少々偉そうな電話が来たので、新庄さんは苦笑しながらも占いの練習に付き合ってあげることにした。

仕事の後、約束の喫茶店へ向かうと、先に席についている美樹さんが、眉をひそめて自分を凝視してくる。

「座らないで。君には、かなり良くない感じの女が憑いているから」

そう言うと、席に座ろうとする新庄さんを手で制止してきた。

普段なら冗談を言うなと真に受けないのだが、先日の写真の件があったので、思わずギョッとしてしまい、「えっ、僕に女が憑いてるの?」と聞くと、美樹さんは真剣な顔で頷《うなず》き返してきた。

「どんな女が見えているの?」と訊くと、「長い黒髪の女が、君の横でぶつぶつと呟《つぶや》いている。強烈な執着を感じるし、何かこう、不自然で厭《いや》な感じがするのよ」と言われた。

そして美樹さんは、顔をしかめながら、「悪いけど今日はもう帰って」と言った。

「君が呼びつけたんだろ。いきなりそんなこと言われて、どうすればいいんだよ」と少しムッとして新庄さんが言い返しても、美樹さんは暗い表情で首を横に振る。

「私ね、霊は見えるんだけど、除霊は出来ないのよ。だからヤバいのとは関わり合いになりたくないの」そう言うとまた、「お願い本当に帰って」と頭を下げられてしまった。


意識すると、見えてしまうというのは本当らしい。

写真と美樹さんとの出来事が重なると、否が応にも「自分には女が憑いている」と思えてしまう。気にしないようにすればするほど、自分の横に誰か居るのではないかという恐怖が強くなった。

洗面所で顔を洗って、顔を上げると、鏡に白い影が見えてスッと消える。

夜眠っていてふと目を覚ますと、ベッドの脇に自分を見下ろす影が一瞬見える。

テレビの音に混じって、女のクスクスという笑い声が聞こえたように思える。

そんなことが連日続くようになり、自分はおかしくなりかけているのかもしれない、精神科に通院したほうがいいかもしれないと思っていた矢先、営業部の後輩である紗季さんに呼び止められ、「新庄先輩の横に、長い黒髪の女の幽霊が居ます」と言われた。

驚いて「えっ、君にも見えるのか」と尋ねると、紗季さんは吃驚《びっくり》した顔になり、そのまま互いに見たものを伝え合って、二人ともさらに驚くこととなった。

さらに話し合おうということになり、翌日の終業後、会社近くの居酒屋で集合して、お互いの体験や状況を詳しく語ったが、新庄さんに憑いている女が何なのかはまったくわからなかった。

新庄さんは、ここ数年恋人がおらず、トラブルになりそうな恋愛沙汰も一切ない。過去に付き合った相手からは、新庄さんのほうが振られており、元恋人は新しく好きになった人と今は幸せな結婚生活をしていて、恨まれる心当たりはまったくない。

なんらかの因縁があるとすれば、街歩きの最中、良くない場所へ知らずに踏み込んだのではないかということになったが、記憶を辿《たど》る限りでは思い当たる節もない。もしかすると、明瞭に女の姿が見える紗季さんなら何か感じ取れるかもしれないと思い、ここ数か月の写真を見てもらうことにした。

「私、本当に霊感とかないんですよお」と困った口調で画像を見ていた紗季さんだが、カメラを操作する手が、ある所でピタリと止まった。

そして、「わかりました。絶対これです」と言ってきた。

覗《のぞ》き込むと、銭湯が写っている。「え、ここ?」と銭湯を指すと、「違います、こっち」と、紗季さんは銭湯の上に建つマンションを指で叩いた。

街歩きの途中、銭湯と一体化したマンションがあったので、上の階は暑そうだなあ、と思って撮影した一枚だ。さては窓に女でも見えるのかと目を凝らしたが、どんなに眺めてもなんの変哲もない集合住宅の遠景である。

疑問に思って顔を上げると、ちょっと得意気な顔をした紗季さんが、「私、この近くに住んでいたことがあるんです。だから、このマンションに地元では有名なヤバい女が住んでたの知ってるんですよ」そう言って、彼女が知っている話を聞かせてくれた。

《紗季さんの話》
数年前まで紗季さんが住んでいた街には、美味しい焼鳥屋が一軒あった。
二十四時まで営業していたので、夕食を作る気力が湧かないほど仕事が忙しい日は、ここに寄って一杯やって帰るのが習慣だったが、ある時、店主が急に店を閉じた。

突然「都合によりしばらく閉めます」と入口に貼り紙をして、アルバイトや仲のいい常連客にも行先を知らせず一か月以上姿をくらました後、ある日店に姿を見せるなり、瞬《また》く間に荷物をまとめて遠方へ引っ越してしまった。

どうやら色恋で女と揉《も》めたらしいのだが、後日、人伝てに知った話は衝撃的だった。

焼鳥屋の店主は、ずっと女に監禁されていたというのだ。

当時、店主には恋人が居た。もう四十代後半になる店主より、二十歳以上も年下の二十代半ばの子だったが、彼女のほうが店主に惚れ込んで猛アタックしたらしい。

若い恋人は羨《うらや》ましいね、などと常連客に冷やかされると、店主は最初のうちこそ照れたように笑っていたのだが、次第に恋人の話題が出ると困った顔を見せるようになり、「とにかく嫉妬と束縛がきつくて」と愚痴を言うようになった。

どうやら彼のことが好き過ぎて、女友達はもちろん、紗季さんのように店によく来る常連客の女性にまで激しく嫉妬して、「他の女と口を利かないで」としつこく言われる。

彼のことを全部知りたがり、今どこにいる、今何をしている、果ては今何を考えているのかまでしつこく連絡をして聞いてくる。忙しい時に返信せず放置すると、後で延々と泣いて怒りながら「酷い」「冷たい」と嫌味を言われ続ける。

それでも、普段は明るく楽しい子だったので我慢して付き合っていたのだが、店に来る自分の男友達や、仲良くしている常連客と関係を持っていることを人から聞かされ、どういうつもりか問い詰めると、「あなたのことを全部欲しいから、あなたの仲良しのことも誘惑して、全部私のものにしたかったの。好きだから仕方ないの」と居直られた。

さすがにもう無理だと思った店主は、別れを切り出したが、「嫌だ、絶対に別れない」と女は半狂乱になり、それでも別れると言い張ると、その場はいったん収まったものの、翌日から店に嫌がらせをされるようになった。

店の看板が壊される。入口の窓ガラスが割られる。

防犯カメラを設置しても、深夜に死角から棒で叩いて破壊する。

入口に「泥棒」「鬼畜」「クズ」など書いた紙をベタベタと貼る。

常連にはずいぶん心配されたが、店の客を巻き込みたくない一心で、店主は誰が犯人かは他人に言わず、ひたすら女の気分が収まるのを待った。

ところが、ひと月ほど経っても、まだ嫌がらせをやめようとしない。

最近では、店に来るのを怖がる客も出てきたので、このままではまずいと思い、女に連絡を取って、「次また何かやったら警察に連絡する」と厳しく言った。

すると女は電話口でメソメソと泣き出し、「ごめんなさい。もうしません。でも最後に会ってちゃんと話したい」と言い出した。

女に会うのは正直面倒で嫌だったが、ここで話をこじらせるのも良くないと思い、呼び出されるがままに店主は女の住むマンションの部屋を訪れた。

実際に会うと、女は殊勝《しゅしょう》な顔で「あなたのことが好き過ぎたの。ごめんなさい」と謝ってくるので、店主もそれ以上きついことは言えず、「もうしないでくれよ」などと諭すうちに、だんだんと逆らい難い眠気に襲われてきた。

目が覚めた時、店主は自分の状況に驚いた。

布団にくるまれ、その上からビニール紐で結わえられて、いわゆる「簀巻《すま》き」の状態にされているのだ。

すぐに助けを呼ぼうとしたが、口には猿ぐつわが嚙まされており、うーっ、うーっとくぐもった唸《うな》り声しか出てこない。

しばらく抜け出そうとして暴れていると、目の前にぬっと包丁が突き出された。

女が包丁を自分の鼻先に近づけて、「声を出さないで、静かにして」と、優しいけれど凄みのある口調で話しかけてくる。

「あなたは本当にどうしようもないクソ男ね。私みたいに若くて可愛い子が恋人なのに、聞き分けのないことばっかり言って。ちゃんと反省して、これからはこの部屋で、私と一緒に二人で暮らしていこうね」

そう言っている間も、店主の顔の真横にはずっと包丁が突き付けられている。

おそらく昨夜出されたお茶の中に睡眠薬でも入れられたのだろうが、身動きが取れず、刃物を出された状態では、なんの抵抗もすることが出来ない。店主はひたすら首を縦に振って、うん、うん、と頷き続けた。

やがて女は満足した顔になり、嬉しそうな顔を店主に近づけると、にっこりしながら、

「私がお嫁さんになってあげるね」と耳元で囁《ささや》いた。

その後、静かにすることを条件に猿ぐつわだけは外してもらえたが、いくら頼んでも簀巻きの状態からは解放してもらえず、トイレだけはと懇願しても無視をされ、結局、店主は布団の中で汗だくになりながら、小も大もすべての用を足すことになった。

丸一日以上経過して、ようやく布団から解放された時には、息も絶え絶えで糞尿にまみれており、シャワーを浴びさせてもらう間もずっと包丁を向けられてはいたが、もは

や逆らう気力も起こらず、女に「家もわかってるんだから、逃げたら殺すわよ」と言われると、「うん、わかった。お前の言う通りにする」としか返事が出来なかった。

その時から、女との生活がはじまった。

もう包丁を突き付けられているわけではないが、逆らえば殺されるという恐怖がある。解放されたければ、自分が女を殺すしかない。でもそんな度胸は湧かなかった。

携帯電話は没収されていたが、一度だけ返してもらい、知り合いやアルバイトへしばらく店を閉じるというメールを送らされた。ついでに、「都合によりしばらく閉めます」と紙に書かされ、それは女が店に貼ってきた。

連絡がつかなければ、誰か探しに来たり通報するかと思ったが、そんなこともまるで起こらない。女は昼間仕事へ行かないので、大丈夫なのか聞いてみると、仕事は辞めた、貯金があるからしばらくは平気、そのうち新しい仕事を探す、と言っている。

起きて寝るまでずっと女に見張られ、ひたすら「うん」と首を縦に振るだけの生活を半月ほど続けたある日、再び女から「お嫁さんになってあげる」と言われた。

「私ね、小さい頃からお嫁さんに憧れてたの。だからずっと、自分の理想の結婚式を考えてたんだ。私ね、『お嫁さん儀式』って呼んでるんだけど、それをやりたいな」

女が狂気じみた笑顔で嬉しそうに言うので、店主は「うん、わかった」と怯《おび》えながら返事をするしかなかったが、数日後、女が取り寄せた一式を見て驚いた。

おそらくはレンタルなのだろうが、きちんとした紋付袴《もんつきはかま》と白無垢《しろむく》が用意されており、これから部屋の中で、夫婦になる儀式を執り行うのだという。

店主は紋付袴、女は白無垢を身に付けて、座布団へと座らされる。

目の前には、日本酒を入れたお銚子《ちょうし》と三段重ねの盃《さかずき》が置かれたので、てっきり神前式風にやるのかと思ったのだが、そこは女の憧れで作った創意工夫の儀式である。今度は教会風になり、「病める時も、健《すこ》やかなる時も、お互いを愛し続けることを誓いますか」などと、女が思いついた愛の誓いを次々に問いかけてくるので、店主はそれにひたすら「はい」と答え続けた。

誓いの言葉が終わると、次は指輪交換になった。おもちゃのような指輪だが、きちんと二人分用意されており、お互いの薬指にそれを嵌《は》め合った。

次はまた神式に戻り、夫婦固めの杯を行う。お銚子で三段重ねの上の盃へ酒を注ぎ、それを店主、女、店主と三回に分けて飲み干す。次は中段の盃で女、店主、女とまた三回、最後は下の盃で店主、女、店主とさらに三回。三々九度の儀式である。

店主がいつまで続くのかと思っていると、女は「最後は誓いのキスだよ」と笑って、白無垢の袖から大ぶりなカッターを取り出した。

女は舌を突き出すと、動かないように指で舌先を掴《つか》み、そこにカッターの刃をサッと滑らせた。そして、店主へ向かって、「さあ、あなたも出して」と笑顔で言う。

カッターを握ったまま、血塗れの口で迫る女に逆らうことも出来ず、店主は素直に舌を出して目を瞑《つむ》ると、そのまま切られるにまかせた。

舌に灼けるような痛みが走り、口の中に鉄臭い血の味が広がる。

次の瞬間、女に顔を掴まれて、思いきりキスをされた。

入り込んできた女の舌が動き回り、互いの血が口いっぱいに交じり合う。

誓いのキスが終わり、店主が恐々《こわごわ》目を開けると、「これで夫婦だね」と女は満面の笑顔で嬉しそうに言った。

お嫁さん儀式が終わった後は、女の中で正式な夫婦になったのだろう、「あなた」と若妻風に呼んでくる。そうやって、さらに半月ほど、夫婦の真似事が続いた。

部屋に閉じ込められてからひと月ほど経ったある朝、店主が目を覚ますと、女が不愉快そうに彼を見て、「おい、お前部屋から出て行けよ！」と大声で怒鳴った。

唐突な言葉に唖然《あぜん》としていると、「お前さあ、臭いんだよ」「おっさんだから、口とか身体とか全部へドロみたいな臭いだぞ」「我慢してきたけど、もう無理」「気持ち悪いから一緒に暮らしたくない」「さっさと出て行け！」と罵詈雑言《ばりぞうごん》を浴びせてきた。

店主が本当に出て行っていいのか確認すると、「早く出て行って」と言いながら、彼の携帯電話や財布を返してくれた。

突然の心変わりには驚いたが、またいつ戻ってこいと言われるかわからない。

急いで自宅へ戻ると、必要な荷物だけまとめて、家から離れたホテルへ滞在し、数日で引っ越し先を決めると、すぐに店を畳んで逃げ出した。

女に見つからない遠い土地の新居で暮らしはじめてから、店主はやっと友人知人に連絡をとって、自分は無事でいることや、事の経緯を説明した。

話を聞いた皆から勧められたので、警察にも行ったのだが、残念ながらまともに相手をしてもらえなかった。

店主は「軟禁されていた」と訴えたが、健康な成人男性が、鍵のかかっていない恋人の部屋で暮らすのは「単なる同棲ですよ」と笑われ、包丁の話を出しても痴話喧嘩としか取り合ってもらえない。

遠くへ逃げることに必死で、すぐに通報しなかったのも良くないようで、いくら店主が「殺されそうで怖かったから」と訴えても、事件としては扱ってもらえず、そのまま終わりになってしまったという。

現在、店主は別の場所で再び店を構えたようだが、詳細はよくわからない。

紗季さんは事のあらましを新庄さんへ伝えると、先ほどのマンションの写真の二階を指さし、「その女が住んでいたマンションがここです」と言った。

《新庄さんの話》

聞き終えた新庄さんは、あまりの強烈な話に、思わず「なるほど」と納得しかけたものの、よく考えたら、なぜ自分が女にとり憑かれているのかがわからない。

そのことを紗季さんへ伝えると、少し言いづらそうに口籠《くちごも》った後、「先輩の雰囲気が、その焼鳥屋の店主に似てるんですよ。顔立ちとか、話し方とか」と言う。

「警察沙汰にはならなくても、地元ではみんな噂するじゃないですか。住みづらくなったのか、例の女もどこかに引っ越したらしいんです。その後どうなったかは誰も知らないけど、幽霊になったわけだから、まあ、もう生きてはいないですよね。昔自分が住んでいたマンションで地縛霊になったけど、撮影してる先輩を見て、好きになったのかなって。昔好きだった男に雰囲気は似てるけど、ほら、先輩はもっと若くて臭くないから、この人にするって、後を憑いてきちゃったんじゃないかと思うんです」

紗季さんの話で、なぜ自分に女が憑いているのか理由はわかったが、どう対処すれば良いのかわからない。墓前で手でも合わせればいいのかもしれないが、紗季さんは女の行方どころか、名前すら知らないという。

その晩はここでお開きとなったが、その後も紗季さんは女の調査に力を貸してくれた。ただ、焼鳥屋の常連だった人たちに確かめても、誰も女のことはよく知らないので、紗季さんの尽力も空しく、なんの情報も得ることが出来なかった。

その間にも、新庄さんは日々の生活で、女の影を見続けた。

話を聞いた後では、女の異常性がより際立《きわだ》つ。いつ自分に危害が加えられるのかと怯えて暮らす生活は、少しずつ新庄さんの精神を蝕《むしば》んでいった。

このままではまずい。そう思って、あちこちでお祓いや除霊を試してみた。

一人だと不安なので、事情を知っている紗季さんに無理を言って付き合ってもらいながら、様々な場所を訪れたのだが、どこでお祓いをしてもらっても、どの霊能者に頼んでも除霊は成功しなかった。

とりわけ、腕がいいと評判の霊能者に見てもらった時などは、「今は何も憑いてないですよ」と首を傾《かし》げられてしまった。

どうやら、お祓いや除霊のタイミングになると、自分から離れて上手く隠れるようで、事が終わるとまた戻ってくるらしい。

何をしても女が憑いたまま八方塞《ふさ》がりの新庄さんだったが、紗季さん以外に女が見えたのは占い師の美樹さんだということに思い至り、嫌がる美樹さんに何通もメールを送って頼み込むと、「まあ電話なら」と渋々ながら相談に乗ってくれることになった。

だが、電話に出た美樹さんは、すぐに「あっ、これ無理だわ」と言った。

「ヤバいのに関わり合いになりたくないって言ってるじゃない」

そう言って電話を切ろうとするので、新庄さんが「まずは話だけでも聞いてくれ」と必死に引き留めると、美樹さんは厭そうに言った。

「電話からずーっと繰り返し聞こえるよ。『お嫁さんになるの、お嫁さんなるの』って。これ強過ぎて、私なんかには絶対無理なやつだから」

もう、どうしていいかわからない。

このまま自分は女の霊にとり殺されるのかと、半ば諦めかけていたある日、昼休みに紗季さんに呼ばれ、「先輩、ひとつ提案があるんですが」と言われた。

「あの女、先輩のお嫁さんになりたがってるんですよね。だったら、あの女がやってきた『お嫁さん儀式』を別の女とするのはどうでしょう。そして、俺はこの女と夫婦になったから、お前は諦めろ、と言ってやるんです。もちろん、諦めなんかしなくて、めちゃくちゃ怒るかもしれないし、かなり危ないとは思うんですけど、なんか他にいい方法が思いつかなくて。ダメですかね……」

言った後で、「いや、やっぱりやめておいたほうがいいですよね」と紗季さんは申し訳なさそうな顔をしたが、考えてみれば、相手がこだわる方法を使って相手に諦めさせるというのは、荒療治ながら悪くないアイデアである。

新庄さんは、「どうせ手詰まりだし、最後に試してみるか」という気持ちになった。

「確かに一理あるね。やってみたいけれど、別の女っていうのは……」と言葉を濁して紗季さんを見ると、「まあそうなりますよね……」と苦笑いをしている。

そして、「自分で提案しましたし、私しかいないとは思うんですが、ぶっちゃけ命懸けでやることだと思うんですよ。だから、交換条件出してもいいですか。今度先輩が担当する大きなプロジェクトありますよね。その営業部のメイン担当を私に指名してくれませんか。それを約束してくれるなら、引き受けてもいいです」と言った。

なるほど、最初からこれを狙って提案してきたのか。仕事が出来るだけあってなかなかのやり手だな……と新庄さんは感心つつ、「いいよ、約束する」と条件を呑んだ。


週末、新庄さんの住むマンションの部屋へ紗季さんが訪れた。

紗季さんの知り合いにもう一度確認して、再現出来るだけの素材は揃えてある。

黒の紋付袴。白無垢。交換用の指輪。三々九度に使うお銚子に三段の盃。

そして、大ぶりなカッター。

二〇時ちょうどになった時、二人並んで座布団へ座ると、「お嫁さん儀式をやります」と新庄さんは大きな声で宣言した。

そして、「私は、この女性と夫婦になります」と続けて大声で宣誓した後、女の考えた誓いの言葉を次々と読み上げていく。

病める時も、健やかなる時も……と言えば、横の紗季さんが「はい」と頷く。

そうやって儀式を進めていくと、急に部屋の電気が、ジジッ……ジジッ……と点滅をしはじめた。

明暗、明暗と灯りがストロボのように何度も点滅を繰り返す中、部屋の隅に女の影が立っているのがはっきりと見えた。

「この子が好きなんだ！　お嫁さんになるのはこの子なんだ！　諦めてくれ！」

そう叫ぶと、新庄さんは再び愛を確かめる誓いの言葉を次々と述べていく。

横では、震え声になった紗季さんが、それでも絞り出すように「はい」と答える。

やがて、バンッという何かを叩くような音がすると、明滅していた電気が消えて、部屋の中が真っ暗になった。

そして、ペタ、ペタ、ペタとフローリングを歩く足音が聞こえはじめた。

足音は円を描くようにして、二人の周囲を歩き回っているのがわかった。

誓いの言葉が終わると、次は指輪交換である。

闇の中、手探りで互いの指に嵌めている間も、ずっと足音が聞こえている。

しかも足音の描く円が、どんどん小さくなってきたのがわかる。

早くしないと、女が自分たちに辿り着いてしまう。

暗闇に目を凝らしながら、震える手で三々九度、夫婦固めの盃を交わす。

そしていよいよ最後、誓いのキスをする時には、もう女はすぐそこ、紗季さんの真横に立っているのが、暗がりに慣れた目ではっきりとわかった。

時間がない。焦《あせ》る指先で自分の舌を掴み、カッターで切る。

恐怖が勝って、痛みはほとんど感じない。

続けて、紗季さんの頭を静かに抱き寄せると、舌をつまんでカッターを軽く走らせる。

もう、女の影は紗季さんとほぼ重なるくらいに近づいていた。

急いで顔を寄せると、紗季さんと血の味がする誓いのキスを交わした。

途端、ジジッ……と音がして、部屋の電気が再び点いた。

目の前で、紗季さんは呆けたような顔になって、表情もなくぼんやりとしている。

小さく声をかけても微動だにしないので、新庄さんの胸に不安がこみ上げてきた。

もしかして、女は紗季さんの中に入ってしまったのではないか。

だとしたら、自分はあの女と誓いのキスをしてしまったことになる。

恐ろしくなり、「紗季さん！　しっかりして！」と大きく揺すると、しばらくして紗季さんは我に返り、「もう大丈夫です」といつもの様子に戻っていた。

《二人の話》

儀式を終えた日から、新庄さんの前に女の影は現れなくなった。

しばらくは半信半疑だったものの、何日経っても異変は起きず、写真を撮っても黒い影が写り込むことはなかった。

一方の紗季さんも、今度は自分に女がとり憑いていないか不安だったが、特に変わったことは何も起きず、心身に変調をきたす感じもまるでない。

朝晩、出退勤する新庄さんをよく観察したが、もう女の姿はどこにもなかった。

結局、二人の心配をよそに、女の霊は姿を消し、怪異はすべておさまった。

新庄さんは約束を守って次のプロジェクトでは紗季さんを営業のメイン担当に指名して、紗季さんもその期待に応えるべく大奮闘し、プロジェクトは無事成功裏に終わった。

除霊をするという特別な体験と、その後の仕事を通じて二人はすっかり意気投合して恋人として付き合うようになり、なんと今では婚約までしているのだという。

話を終えた二人は、「だからこれ、最後はのろけ話になっちゃうんですけど」と、私に向かって照れたように笑った。

《美樹さんの話》

取材を終えた私が、もう一人の登場人物である占い師の美樹さんに話を聞きたいと頼んだところ、新庄さんは快諾して、美樹さんへ話を通してくれた。

連絡を取った美樹さんは、あまり乗り気ではなさそうだったものの、新庄さんの顔を立てるということで、一度だけ会って話を聞かせてくれることになった。

実際に会うと、話に出てきた通りなんでもズバズバと言う人で、私についても占ってくれたのだが、それは本筋と関係ないのでここでは割愛する。

面白い人だったが、美樹さんの話はほぼ新庄さんから聞いた通りで、新しい情報も特になく、どちらかと言えば私のほうが二人から聞いた話を伝える側になってしまった。

そろそろ取材を終えようという段になって、美樹さんが、「新庄くんの彼女見たい！」と言うので、私が一枚だけ記念に撮った二人の写真を見せると、それまでニヤニヤしていた美樹さんの顔が急に険しく曇り、「えっ、この子が彼女?」と訊いてきた。

そして、「占いしようと思って新庄くんを呼び出したら、彼の横に黒い髪の女が見えたって話したじゃない。その時、彼の横に立って居たのね……この子だよ」と言って、紗季さんの顔を指さした。

私が混乱して「ええっ?」と言っている側で、美樹さんはしばらく目を閉じていたが、やがて納得した表情になり、「なるほどね、あれはこの子が飛ばした生霊だったのよ」と私の顔を真っ直ぐ見て言った。

新庄くんの横に髪の長い女を見た時、不自然で厭な感じがしたの。今なら理由がわかる。あれ、ウィッグだったのね。黒髪のカツラをつけてたのよ。古臭いことばっかり言う新庄くんが、清楚で黒髪の子が好きって言ったんでしょ。きっと紗季さん、黒髪のウィッグを買ってきて、先輩はこういう子が好きなのか……、なんて思いながら、鏡の前で彼のことをしょっちゅう考えていたんじゃないかな。彼に執着するその想いが、生霊になってとり憑いたんだよ。紗季さんが飲み会で失恋気分になった後からでしょ、彼の写真に黒い影が写ったの。ショッピングモールで見たのは嘘じゃないと思う。自分の魂を見たんだよ、きっと。会社で見かけないのは、当たり前だけど本人が居るから。だから彼が会社を出ると、生霊になって後を憑いていく。たぶん彼女は、最初は自分だと気づいていなかったんじゃないかな。

でも、昔自分が住んでいたマンションの写真を見て、女の正体が自分だと気づいたと思う。ああ、自分が監禁した店主に、新庄くんが似ていたんだって。

もしかすると新庄くんが偶然あのマンションを撮ったことに、運命すら感じたかもね。

その後からは、彼女が仕組んだことだと思う。

本人が一緒に居て、生霊を出してなかったら、そりゃ除霊なんて出来ないわよ。

追い詰められた新庄くんを上手く誘導して、念願のお嫁さん儀式もやったし、大きい仕事はもらえるし、彼とは婚約出来るしで、いいことづくめじゃない。

怖いわあ……。もう新庄くんと仲良くするのやめておこう。

そう話すと美樹さんは、「あなたも気をつけてね。バレたことを知ったら、こういう子は何をするかわからないよ」と言い残して喫茶店を去って行った。

《私の話》

後日、焼鳥屋の件を調べてみると、昔の常連客からは、店主を軟禁したのは、当時こっそり付き合っていた紗季さんだということがわかった。

地元では居づらくなり、引っ越しと転職をした後、今に至るということらしい。

美樹さんの言葉が頭にこびりついていたので、私はこの話を聞いてから三年以上文章にすることが出来なかったが、この度本書へ収載するにあたり、勇気をもって紗季さんへ連絡をして、私の取材した後日談も伝えたところ、「書いていいわよ」と了承を得た。

今はもう、新庄さんと結婚して、可愛い息子も授かっている。

驚いたことに、新庄さんにはとっくに告白しており、彼も承知で結婚していた。

結婚式には、美樹さんも来て祝ってくれたそうである。

新庄さんに電話で話を聞くと、「生霊を飛ばすくらい僕のことを想ってくれたなんて、一途でロマンチックじゃないですか」となぜか肯定的に受け止めている。

そして、「紗季は結婚して仕事を辞めたので、今では僕が大好きな長い黒髪にしてくれています」と嬉しそうに話してくれた。

なるほど、夫婦揃ってこのタイプならお似合いだ。

私はすっかり納得させられて、二人の結婚を祝福した次第である。

交差点

学生時代の友人であった森岡さんが、先輩の後を追うと言って行方が知れなくなったのは先述の通りだが、この話を怪談として語っていた私のところへ、古い知り合いから「森岡くんを四国で見かけた奴がいる」という連絡が届いた。

彼の失踪は何かと話題になっていたようで、実家のある四国へ戻って働いている元同級生が、「山道を車で走っている時、偶然そっくりの人間を見かけた」らしい。

まさかと思って車を停めて声をかけたが、いくら「森岡くん」と呼びかけても立ち止らず歩いて行ったので、その時は「他人の空似か」とやり過ごしてしまった。

ところが、後に私の語った話を聞いて、やはり本人だったのでは、と思い至った。

その時、彼には他に二人連れがいて、一人は小柄な瘦せ型の男性、もう一人は背の高い体格のいい男性だった。三人が派手な柄の服をお揃いで着ていたので、きっと仕事着だろうが、ずいぶん変なユニフォームだな、と思ってよく覚えているという。

これを聞いた私は、俄然《がぜん》、森岡さんを見つける気になり、四国に住む元同級生に手伝ってもらいながら捜索をすると、やがて彼を見かけた場所からそんなに離れていない山の中に、数年間、男性三人が暮らしていた家がある、と情報を得た。

ただ、元同級生が訪れるとその家はもう完全な空き家になっており、直近で人が住んでいた形跡はない、との結果が返ってきた。

管理している不動産屋に連絡した流れで、大西さんと知り合いになったのはすでに書いた通りであるが、結局、不動産屋でも有力な手がかりは得られず、残念ながら捜索は完全に行き詰ってしまい、あれから四年経った今も進捗《しんちょく》を見せていない。


その代わり、大西さんからは、彼の父親が「良くない」家に作り変えた場所の話は、人を紹介してもらいつつ何個も聞かせてもらった。

まずは、人が三人も亡くなっているアパートに暮らす東金《とうがね》さん。

そして次は、命を吸う石の話をしてくれた宇野さんである。

あの一軒家は元々大西さんが子どもの頃に家族で暮らしていたそうで、引っ越し後、父親が昔世話になったという恩人へ貸し出した。

やがてその恩人が亡くなると、父親に「家の前にある石の腰掛けだけ回収してこい」と命令されたが、現地で撤去作業をしていると、「それに触っちゃダメだよ」と中学生に声をかけられた。それが、宇野さんとの出会いだという。

宇野さんの話を聞いて、さては危ない仕事は自分に押し付けたのかと父親を恨みに思ったが、おかげで細心の注意を払って事故なく回収することが出来た。

大西さんは「命の恩人だ」と喜んで連絡先を交換し、年に数回近況報告などをして、やがて宇野さんが名古屋で就職する時には、ずいぶんと世話を焼いたという。

そして最後は、すねこすりの話を聞かせてくれた広美さん。

ここは父親が何かよくわからない改築を請け負った家で、広美さんの祖父にあたる人がまだ健在だった頃に、大西さん一家は二年間もこの家に居候《いそうろう》して暮らした。

幼い広美さんとは、その時に知り合った。

改築を終えて家を出たが、その後、広美さんが苦労していると聞き、なにやら自分たち家族に責任がある気がして、やはり東京に出てくる時に世話をしてあげたのだという。

私は大西さんが紹介してくれるままに奇妙な話の数々を聞いたが、それでも一番肝心なことがまったく見えてこなかった。

「なぜ」父親はこんなことを続けてきたのか。その理由がわからない。

最後にその疑問をぶつけると、「息子の俺にも、はっきりとしたことはわからないよ」と苦笑いしつつも、「たぶん親父は、交差する場所を作りたかったんだ」と言った。

大西さんが言うには、森岡さんが暮らしていたかもしれない家が最初だったという。

詳しいことは一切わからないが、何か謂《いわ》れのある場所だったのは確かで、母親の話によると、受け継いだ遺産で遊び暮らすいい加減な不動産屋だった父親が、急に呪術的なものへ傾倒するようになったのは、その家に住んでからだという。

四国の家には五年間ほど暮らしたが、二人きりの家なのに、あちこちから女の声が聞こえてきて、母親からすれば、とにかく気味が悪い家だった。

父親は、家中を自力で改装していたが、何をやっているのかは母親に教えなかった。

その後、北陸、関東、中国地方の順に巡ると、最後に「交差点に住むぞ」と父親が言い出した時には、大西さんは大学生になって家を出る時であった。

「親父はね、地図に四つの家の場所を書き込むと、四国と北陸、関東と中国地方を線で結んで、それが交差する場所を指して、ここを終《つい》の棲家《すみか》にする、と言ったんだ。まあ、俺は独り暮らしをする予定だったから、好きにしてくれって感じだったけど」

当時は改装をするために他人の家に居候していたので、引っ越し出来ると聞いて母親は喜び、なぜそんな場所に住みたいかなど、父親へ尋ねもしなかった。

その後、東海地方の某市に住むと、毎回「ここじゃない」と言いながら、父親は実に十五年間で五回もの引っ越しをしたが、五度目の家がようやく気に入ったようで、ある時里帰りした大西さんへ、「やっと向こう側を覗《のぞ》くことが出来る」と言ったという。

それからほどなくして、父親は突如として失踪した。

一週間後になぜか自宅の押し入れから発見された父親は、もはや完全に呆けて、喋ることも書くことも出来なくなっていた。

「あれから五年。親父が何を見たのかはわからないけど、最近では、死後の世界なんてつい考えちゃうようになってね。親父の真似をして、また四か所、特別な場所を作ってから、交差点に最後の拠点を築こうかと思ってるんだ。成功したら、あんたも呼ぶね」

そう話していた大西さんだが、あれから四年、まだ成功の連絡は届かない。

とはいえ本当に連絡が来たとして、臆病な私は、きっと誘いを断るだろう。

もしかするとそこには、消えていった友人たちが、待っているのかもしれないけれど。

あとがき　――『厭な話』について考える――

今回は、高校時代からの友人と、大学時代の友人が消えた話を収載しました。

何度か怪談として語ってきましたが、やはり友人に起きたことですから、私の気分として単なるエンターテイメントとしては扱えず、機会を選んで語ってきました。

ですから今回、私にとって大切な話を、こうして作品として書籍化することが出来たのは大変意義深く、執筆を終えた今、ひとり感慨に浸っている次第です。

もちろん読者の皆様には、ひとつの怪談エンターテイメントとしてお楽しみいただきたいのですが、これを機に行方が知れなくなった友人たちが、「実は元気にやってたよ」と笑いながら、ひょっこり姿を現してくれないかな……と心密かに願っております。


本書は『厭談　祟ノ怪』に続く二冊目の単著になります。

シリーズ名が『厭談』ですし、私は自分のことを「厭な話をこよなく愛する怪談師」というキャッチフレーズで紹介するくらいですから、やはり「厭」な話を多めに掲載しているつもりですが、改めて考えると、「厭」という概念にも様々な種類があります。

一番わかりやすいのは、「生理的な嫌悪感」かもしれません。

潰れて血塗《ちまみ》れの顔。こぼれ出る内臓。鼻をつく腐敗臭。汚物や体液。群がる蟲《むし》たち。

想像するだけで鳥肌が立つような嫌悪感、いわば「わかりやすい厭」です。

もちろん、だからと言ってダメなわけではありません。むしろ大好きなので表現にも多用させてもらっておりますが、実は私はあまり血や内臓や汁や蟲が怖くありません。

なので、他人を怖がらせるために使う、道具としての厭、とも言えるでしょう。

次にあるのは、「不快感」や「不気味さ」でしょう。

狂った目つきの女。髪を振り乱してゲラゲラ笑う老婆。無表情で立ち尽くす子ども。

ストーカーの息遣い。「死ね死ね死ね」と真っ赤な字で書かれた手紙。

その後起きる恐怖や惨劇を予感させる、こちらは「気配としての厭」になります。

これは空気感や雰囲気を作るものですから、怪談師や怪談作家にとって、ある意味で表現の肝《きも》とも言うべきところです。

さて、私が怪談についてよく言われるのが、「後味の悪い話」という感想です。

おそらくこれは、前述の二つとはまた違う種類の「厭」だと思われます。

私は「どう聞かせるか」「どう読ませるか」に考えを巡らせるのが好きなので、時系列を組み替えたり、最初からすべてを語らず、伏線として見せながら最後に説明するなど、いわば「構成を組む」作業に多くの時間と労力を割きます。

そして、意外な展開やラストを演出することに成功すれば、読者や聞き手に驚いたりゾッとしたりしてもらえるわけですが、こうした構成と演出による「後味の悪さ」というのも、書き手や語り手各人の作家性が出る、ひとつの「厭」と言えるでしょう。

ただ、私の怪談にある「後味の悪さ」は、きっと「人の悪意からくる厭」ではないかと自分では思っています。

厭な話が好きな私にとって、最も怖い「厭」というのは、ふとした瞬間に垣間見える、底知れない「人の悪意」です。

こうした悪意は、長年取材をしている際に数多く経験してきました。

たとえ「夫を呪い殺した悪霊の話」がどんなに陰惨でも、その夫が呪い殺された話を「嬉しそうに語る妻の姿」のほうが何倍も恐ろしいものです。

私たちは、実は日常的に、この「人の悪意」に接しています。

そして、自分自身の中にも眠っています。

現実で触れる悪意は、人を消耗させ、傷つけ、弱らせるものです。

悪意というこの最も恐ろしい「厭」を、どうやって浪漫溢《ろまんあふ》れる怪談の世界へ取り込み、どうやって娯楽に昇華させられるのか。「厭な話をこよなく愛する怪談師」として私が最も大切にしている表現手法のひとつです。

本書は秋に刊行予定でしたが、私の個人的な事情により延期になっておりました。せめて年内には出したいと考えて、年末の刊行を目指しましたが、やはり諸事情によりなかなか執筆の時間を割くことが出来ず、半ば諦めかけていた時期もありました。それでもなんとか発刊まで漕ぎつけることが出来たのは、竹書房の溝尻様やご担当の中西様の叱咤激励《しったげきれい》と、「楽しみにしています」「がんばってください」と応援くださった多くの方の言葉でした。

この場をお借りして深く御礼申し上げるとともに、皆様の応援と励ましをもって完成した本書が、皆様の胸に残る一冊となることを願ってやみません。

二〇二一年　十二月　夜馬裕

厭談　戒ノ怪

2022年1月3日　初版第1刷発行

著者……………………………………………………………………… 夜馬裕
デザイン・DTP ……………………………………………… 荻窪裕司(design clopper)
企画・編集 ……………………………………………………………… 中西如(Studio DARA)

発行人……………………………………………………………………… 後藤明信
発行所……………………………………………………………………… 株式会社 竹書房
〒102-0075　東京都千代田区三番町８－１　三番町東急ビル６F
email：info@takeshobo.co.jp
http：//www.takeshobo.co.jp
印刷所……………………………………………………………………… 中央精版印刷株式会社